MAISONS BIO

Julien FOUIN

MAISONS BIO

LA MAISON RUSTIQUE
Flammarion

Pour recevoir notre catalogue général demandez-le
à **LA MAISON RUSTIQUE**
la plus ancienne librairie agricole,
horticole, forestière et ménagère,
Librairie de l'Académie d'Agriculture,
26, rue Jacob 75006 Paris

Réalisation LES COURS - Caen/Christian PESSEY
avec la collaboration d'Anne Gaubert et Alain Neuville (PAO).

N° d'édition : FX 064201
ISBN : 2-7066-0642-8
Dépôt légal : avril 2000

Imprimé en France par
P.P.O. Graphic, 93500 Pantin

Couverture : Axel Buret, studio Flammarion.

Remerciements
Ce livre n'aurait sans doute pas vu le jour sans l'aide précieuse de Jean Fouin (architecte) et de Louise Ranck (future architecte).
Je tiens également à remercier Patrick Petit, Francis Bardoula, Bruno Boschetti et Jean Louis Hameau pour leurs conseils, Marcel Guedj et Olivia Bretteil pour leur soutien, ainsi que tous ceux qui ont participé, de près ou de loin, à la réalisation de cet ouvrage. Enfin, toute ma reconnaissance à André Giovanni et l'équipe de *Santé Magazine* pour leur confiance.

SOMMAIRE

Introduction

À l'aube du XXIe siècle, le droit à un habitat de qualité pour tous n'est pas encore acquis. Des nuisances de tous ordres persistent : bruit, manque d'hygiène, mauvaise qualité de l'air intérieur, matériaux malsains (amiante, plomb, formaldhéyde, benzène…). Les conséquences sont claires, un habitat mal conçu nuit à la santé ; mais il peut aussi détruire l'environnement et le cadre de vie : défiguration des paysages, gaspillage d'énergie, dégradation des ressources naturelles… Comment construire l'habitat de demain sans compromettre l'avenir des générations futures ?

Après l'affaire de l'amiante et à l'heure où les économies d'énergie deviennent une préoccupation cruciale pour lutter contre l'effet de serre, le temps n'est-il pas venu de substituer aux critères de rentabilité immédiate, des objectifs de qualité architecturale durable ? Peut-on imaginer, en ce début de millénaire, de nouvelles formes d'habitats pour mieux vivre ? Des habitats prenant en compte le confort et la qualité de vie, mais aussi l'esthétisme et la protection de l'environnement ?

Ce livre est là pour répondre à toutes ces questions. Oui, il existe des moyens simples, efficaces et économiques pour améliorer notre habitat. État, collectivités locales, architectes, entreprises de matériaux… intègrent ces nouvelles préoccupations dans leur mode de fonctionnement.

Mais le public reste encore très mal informé. Comment faire construire une maison qui respecte la santé et qui s'intègre visuellement, économiquement et écologiquement à l'environnement ? Comment restaurer en respectant l'identité du lieu et en utilisant les bons matériaux ? À qui s'adresser ?

Ce livre est conçu pour répondre de manière claire et efficace à toutes ces questions. Il se veut aussi un plaidoyer optimiste pour le développement d'un "habitat durable" qui devra satisfaire les exigences du XXIe siècle, en particulier un meilleur respect de l'homme et de son environnement.
Il est destiné à tous ceux qui veulent s'informer afin de construire ou rénover leur maison. Mais il intéressera également ceux qui souhaitent améliorer l'habitat et désirent connaître les partenaires à contacter.

CHAPITRE 1

AVANT DE BÂTIR SA MAISON

Une maison, c'est le reflet du mode de vie et de la personnalité de celui qui l'habite. Mais pour se sentir bien chez soi, il est important de respecter quelques consignes évidentes. Choisir son terrain, veiller à l'exposition et à l'orientation de chaque pièce en fonction du climat et de la végétation… Pour toutes ces raisons, le travail d'un architecte est souvent utile. Trop coûteux? Au contraire, l'architecte peut aider à faire de sérieuses économies.

DÉFINIR SES BESOINS ET SES MOYENS

Chaque année, plus de 150 000 Français accomplissent leur rêve en devenant propriétaires d'un logement individuel. Que ce soit un appartement, une maison neuve ou une vieille ruine à restaurer, l'achat d'une habitation représente un investissement financier non négligeable.

Il faut bien définir ses besoins en fonction de ses moyens. C'est-à-dire être capable de se projeter dans l'avenir pour ne pas s'investir dans un projet trop ambitieux ou obsolète trois ans plus tard.
Un jeune couple qui ne sait pas exactement combien il veut d'enfants doit réfléchir à la possibilité d'aménager les volumes différemment. Par exemple, pouvoir séparer facilement une pièce en deux pour faire deux chambres, prévoir une ou deux salles de bains…
Dans un autre cas de figure, si vous êtes férus de repas familiaux ou de dîners entre amis, faut-il aménager une grande cuisine conviviale qui servira aussi de salle à manger ou plutôt deux pièces séparées ? Préférez-vous une grande pièce à vivre ou un petit salon et une bibliothèque ?
Autant de questions qu'il faut vous poser dès aujourd'hui. Cela semble évident.
Et pourtant, combien de personnes ne s'épanouissent pas dans leur maison ? Combien de familles achètent leur maison en kit, sur catalogue, même si elle n'est pas idéale à leurs yeux, en pensant qu'il est impossible d'avoir accès à une construction personnalisée ? Question de moyens financiers ? Non, c'est une erreur de raisonnement de penser qu'une maison où il fait bon vivre est nécessairement plus coûteuse. Mieux vaut, par exemple, investir dans une maison de 100 m² bien agencée, selon ses désirs et ses aspirations, que dans une demeure beaucoup plus grande qui ne correspond pas à ses goûts. C'est ici que le travail d'un architecte se révèle fondamental. Car il doit vous aider à concevoir votre projet le mieux possible en fonction de vos envies (voir *Pourquoi faire appel à un architecte ?* p. 20). Il existe des centaines de façons de construire une habitation individuelle avec le même budget de départ.

UNE MAISON À VOTRE GOÛT

En 1997, un concours d'architectes organisé par l'association Périphériques, a démontré qu'il était possible de réaliser 36 projets de maisons individuelles, très différentes les unes des autres, avec un budget de 500 000 F seulement.
La maison, le garage, le jardin, les clôtures et les honoraires d'architectes étaient compris dans ce montant budgétaire. C'est bien la preuve que l'on peut réaliser son rêve de propriétaire, même avec peu de moyens, pourvu que l'on définisse bien ses attentes.

Contrairement aux idées reçues, une maison préfabriquée est généralement plus coûteuse qu'une maison en bois.

OÙ S'INSTALLER ?

Avant de s'installer dans une maison, et surtout d'en construire une, il est indispensable de bien étudier l'environnement proche du terrain et de se renseigner sur le climat et sur le voisinage.

INFLUENCE DU SOUS-SOL SUR LE BÂTIMENT

On oublie trop souvent de penser à la qualité des sols, aux usines ou aux infrastructures de transport qui se trouvent à proximité du terrain que l'on a choisi pour s'installer.
De même, on oublie que 17000 communes de France sont sujettes à des risques naturels : inondation, incendie, glissement de terrain, avalanche, tremblement de terre, etc.
Avant d'acquérir un terrain, il est donc préférable de se renseigner auprès de la mairie pour savoir si le Plan d'occupation des sols (POS) indique des zones inondables ou dangereuses. Il suffit pour cela de demander un certificat d'urbanisme.

Être bien informé permet d'éviter ou de limiter certaines pollutions présentes dans le sol et donc de réduire les risques dommageables à notre santé.

PRÉVENIR LES RISQUES

Depuis 1995, l'État impose aux communes où les risques sont importants de réaliser un Plan de prévention des risques (PPR). Celui-ci doit découper en plusieurs zones le territoire de la commune pour informer le citoyen des dangers éventuels et empêcher tout type de construction sur des terrains à risque.
Rappelons que 80 % des constructions réalisées sur des zones inondables l'ont été au cours de ces quarantes dernières années !

LA RADIOACTIVITÉ NATURELLE

C'est la première source d'irradiation de l'homme. Principal coupable : le radon, un gaz radioactif naturel, présent partout à la surface de la terre. Inodore et incolore, le radon provient de la désintégration de l'uranium de la croûte terrestre. Depuis 1987, il est classé comme cancérigène pulmonaire par le Centre international de recherche sur le cancer. En France, le radon serait la deuxième cause de cancer du poumon après le tabac. Il pénètre dans les maisons par les fissures et les passages de canalisation et se fixe sur des poussières microscopiques qui irradient ensuite les voies respiratoires des habitants. Selon les normes européennes, on estime à plus de 300000 le nombre de maisons qui ont une concentration de radon excessive. Il ne faut donc pas négliger les risques. Et prendre des mesures concrètes sans sombrer dans la psychose.

COMMENT MESURER LA RADIOACTIVITÉ NATURELLE ?

Il suffit de se procurer un dosimètre, c'est-à-dire un appareil qui compte le nombre de particules radioactives contenu dans chaque mètre cube d'air.
Pour obtenir un dosimètre, il faut se renseigner auprès de l'Institut de protection et de sûreté nucléaire (IPSN) ou de la CRII-RAD (voir *Carnet d'adresses*).

■ *Comment faire pour s'en débarrasser ?*
D'abord, il faut mesurer la quantité de gaz radioactif dans la maison. Surtout si vous habitez dans les régions granitiques comme le Massif central, la Bretagne, la Corse ou le Limousin.
L'Union européenne recommande de prendre des mesures pour évacuer le radon lorsqu'un bâtiment dépasse une concentration annuelle de 400 Becquerels par m^3 (Bq/m^3) ; lorsqu'on bâtit une maison neuve, cette concentration ne doit pas être supérieure à 200 Bq/m^3.

- Si le dosimètre indique une quantité trop importante de radon, la solution la plus simple, souvent suffisante, consiste à bien aérer les pièces. Il faut que votre maison respire. Si ce n'est pas déjà fait, installez une ventilation mécanique.
- Ensuite, pour éviter la pénétration du radon dans la maison, vous devez obturer les fissures. Faire des joints à la chaux bien étanches là où passent les tuyauteries et sur les raccords entre le sol et les murs.
- Toutefois, si le taux de radon dépasse 1000 Bq/m^3, vous pouvez isoler la cave ou

Pour éviter que le gaz radioactif pénètre dans votre maison, l'air ne doit pas circuler entre le sous-sol et la surface habitable. Veillez à l'obturation de toutes les fissures et des espaces au niveau des canalisations, des raccords de parois...

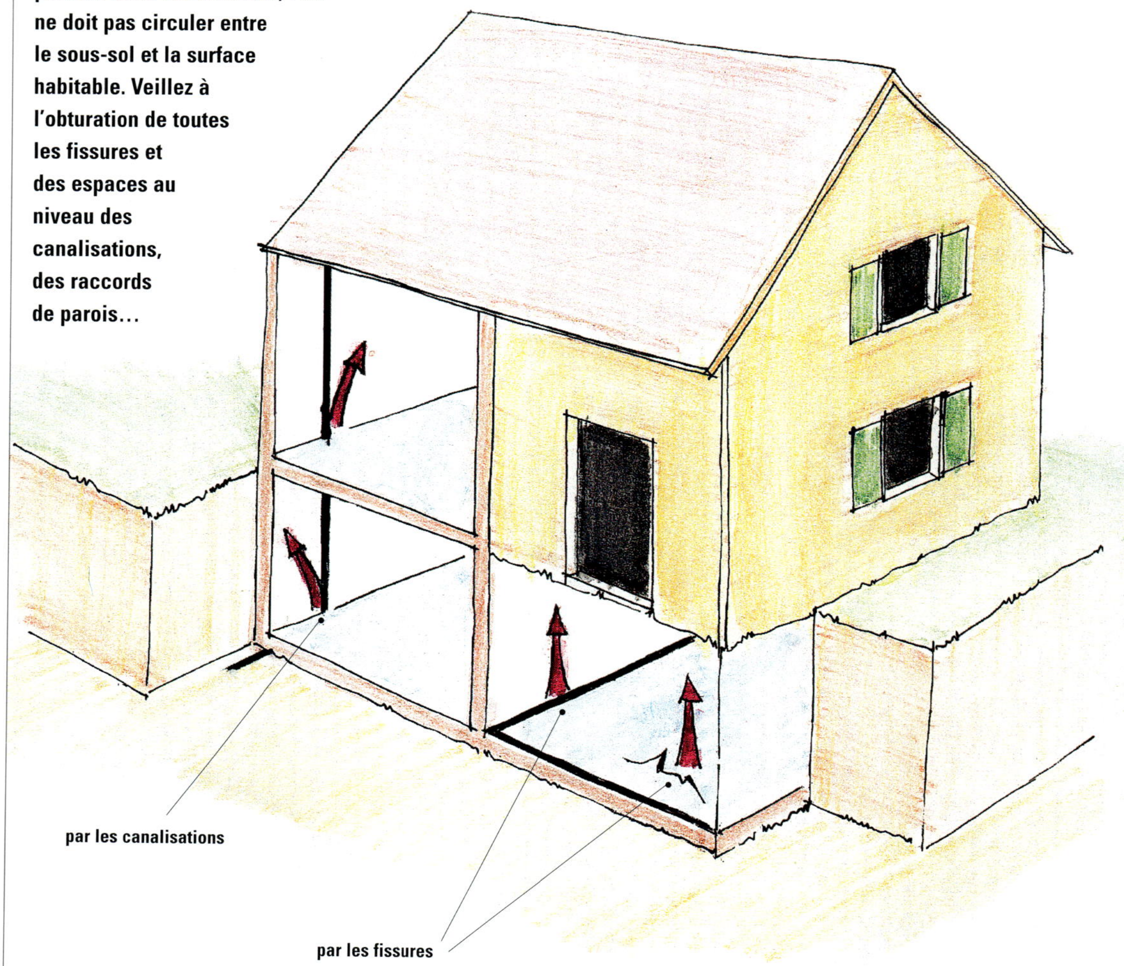

le sous-sol de la maison avec des isolants en vrac coulés dans un mortier de chaux (voir *chapitre 2*).

Les risques sismiques

Personne ne se souvient du dernier séisme qui a frappé la France en 1909 à Lambesc, (entre Aix-en-provence et Salon-de-Provence) faisant 56 morts et des dégâts considérables. Pourtant, le risque sismique existe toujours dans l'Hexagone. À tout moment, un nouveau tremblement de terre peut se déclarer dans plusieurs régions de France. Et aujourd'hui les conséquences seraient beaucoup plus dramatiques, car très peu de bâtiments et d'infrastructures sont construits selon des normes parasismiques. Une étude datant de 1982, réalisée par le BRGM, montre qu'un tremblement de terre identique à celui de 1909 provoquerait plus de 4,5 milliards de francs de dégâts et ferait de 400 à 1 000 victimes. Ce serait sans doute beaucoup plus grave aujourd'hui, compte tenu de l'urbanisation de la région.

■ *Comment prévenir les risques ?*

Pour prévenir les risques, un décret d'août 1994 stipule qu'il est obligatoire de construire en parasismique tous les nouveaux bâtiments (y compris les maisons individuelles) dans les Pyrénées, la région Provence-Alpes-Côte d'Azur, les Antilles, la région Rhône-Alpes et le Bassin rhénan. Mais force est de reconnaître que la plupart des entreprises du bâtiment et des architectes ne respectent pas cette loi.

INFLUENCES DES ONDES TELLURIQUES ?

Se sentir bien chez soi relève-t-il du hasard, d'un effet psychologique, d'un état d'esprit ? Et si c'était l'environnement qui influençait notre comportement ? Pas impossible.

Il n'y a pas si longtemps, on faisait souvent appel aux services d'un radiesthésiste et d'un sourcier pour s'assurer que la nature des sols était propice à la construction d'une maison. S'il y avait une source d'eau ou une faille, il fallait aller ailleurs. Déjà dans l'Antiquité, pour choisir leurs terrains à bâtir, les Romains faisaient paître des moutons et analysaient leur foie pour voir si les sols n'étaient pas nocifs.

Croyance désuète ou délire ésotérique diront les sceptiques. Il n'empêche : de plus en plus de professionnels du bâtiment et d'architectes, parfois célèbres comme Jean-Michel Wilmotte, font appel à la géobiologie pour déterminer la localisation de la construction d'une maison. Cette science peut se résumer par l'étude de l'influence de la Terre sur les êtres vivants, influence qui proviendrait principalement des courants telluriques (qui viennent de la Terre). Ils sont dus à l'effet d'induction produit sur le sous-sol par les variations du champ magnétique terrestre nées du noyau. Les courants d'eau souterrains, les failles, les poches de gaz, les filons rocheux et métallifères, la radioactivité naturelle, les glissements de terrains, les mouvements de l'écorce terrestre, le magnétisme et l'électricité terrestre sont détectés grâce à l'observation de ces courants telluriques dont le quadrillage peut se modifier ou se déformer en leur présence. On parle alors de points géopathogènes.

Les rayonnements cosmiques jouent aussi un rôle. Ils sont issus des rayons solaires et des ondes cosmiques provenant de l'espace et liées notamment à l'influence des planètes sur la Terre.

Au pays de Descartes, cela a de quoi surprendre. Car on est loin du rationalisme scientifique habituel. La géobiologie, repose avant tout sur une démarche empirique. Il n'existe aucune explication scientifique sérieuse malgré les dizaines d'ouvrages publiés sur ce sujet. Les tentatives de définition sont souvent vagues, confuses et parfois irrationnelles.

Pourtant, on ne peut nier certaines évidences. Les géologues et les géophysiciens savent parfaitement qu'il existe des forces magnétiques et électriques provenant du sous-sol. De même, tout le monde peut faire l'expérience du sourcier et constater que si l'on tient deux baguettes de cuivre en parallèle, elles se croiseront au-dessus d'un puits ou d'une source d'eau. D'ailleurs, les sourciers étaient autrefois réputés pour être des personnes honnêtes et très compétentes. Encore aujourd'hui, certaines entreprises n'hésitent pas à faire appel à leur savoir-faire pour détecter un captage à l'aide de simples baguettes.

Faut-il pour autant croire, comme le disent certains architectes ou géobiologues, qu'une maison construite sur un nœud tellurique ou géopathogène peut entraîner des maladies chez ses habitants ? Là encore, rien ne le prouve scientifiquement. Mais la littérature regorge de témoignages de gens qui ont vu leur santé s'améliorer ou leur vie changer à partir du moment où ils déménageaient ou changeaient simplement leur lit de place.

LE FENG SHUI : L'ÉNERGIE POUR MIEUX VIVRE

La géobiologie est aussi pratiquée sérieusement depuis des siècles dans les pays asiatiques. En Chine, par exemple, le feng shui se rapproche de la géobiologie en étudiant de manière holistique les rapports entre l'homme, son environnement et son habitat.

Selon le feng shui, un courant d'énergie relie tout ce qui nous entoure, ce qui compose l'univers. La lune, le soleil, l'emplacement des planètes, les bâtiments, les paysages et même les plus petits détails du décor de notre maison ou de notre appartement peuvent avoir une influence sur notre bien-être, notre bonheur et notre santé. Le feng shui aide à prendre conscience de cette énergie et à la canaliser pour mieux vivre. Au même titre, dans les arts martiaux ou les pratiques thérapeutiques comme l'acupuncture, c'est le contrôle de cette énergie qui est recherché.

Cet art chinois connaît un succès retentissant en Angleterre, en Allemagne et en France depuis le début des années 1990. De grandes entreprises comme Marks & Spencer, British Airways, Virgin, Body Shop font appel à des praticiens du feng shui pour aménager leurs bureaux et leurs boutiques.

Conclusion : si rien ne permet de donner des preuves scientifiques irréfutables sur l'influence des courants telluriques et cosmiques, il ne faut pas pour autant négliger leur existence. Pour l'instant, aucune méthode rigoureuse ne permet de les détecter. C'est d'ailleurs ce qui pose problème aux scientifiques. Car il est impossible d'observer une règle générale pour tous les individus. Selon chaque personne, la sensibilité diffère. Bien sûr,
il y a fort à parier qu'au bout du compte tout le monde doit être sensible. Mais à quel point? Et de quelle manière?

Reste essentiellement la question de l'origine exacte de ces perturbations : est-ce le champ magnétique terrestre? Ou plutôt des champs électriques infimes? Ou encore un autre phénomène mal connu? Personne ne peut le dire.

Toutefois, rien n'empêche les personnes curieuses et ouvertes d'esprit de faire tester leur terrain et leur maison par un géobiologue. Certes, le danger est de faire appel à un charlatan qui utilise la géobiologie à des fins mercantiles, sans aucune rigueur. Il n'existe aucun diplôme, aucune association professionnelle avec un code déontologique sérieux. Tout le monde peut se dire géobiologue. La seule garantie, c'est le résultat du travail. Ce n'est pas un hasard si un bon géobiologue se fait connaître par le bouche à oreille, car les personnes qui ont fait appel à ses services sont satisfaites et n'hésitent pas à le recommander à des amis.

Pour le feng shui, en revanche, il existe des écoles en France et à l'étranger. Les études pour devenir praticien sont longues. Il faut compter au minimum 5 ans pour commencer à exercer. Une association a même été créée en France pour tenter d'éviter toutes les dérives et recommander uniquement des praticiens sérieux (voir *Carnet d'adresses*).

Les particuliers le savent-ils lorsqu'ils achètent une maison ? Les hôpitaux, les écoles, les bâtiments publics sont-ils remis aux normes ? On en doute. D'autant que les professionnels du bâtiment manquent souvent de savoir-faire. Jusqu'à la fin des années 1980, les architectes et les ingénieurs n'étaient quasiment pas formés sur les risques sismiques. Or, il est beaucoup moins onéreux de construire une maison en parasismique dès sa conception, que de la remettre aux normes une fois bâtie.

Les sites pollués

Si les industriels sont désormais obligés d'intégrer la protection de l'environnement dans leur cycle de production (normes, réduction des risques...), leurs activités demeurent néanmoins très polluantes. Les sols sont bien souvent encore plus mal traités que l'eau ou l'air. On dénombrait 278 sites pollués en 1978 ; on en compte aujourd'hui 895 (dans le dernier inventaire de 1996). Mais cette liste est loin d'être exhaustive, car seuls les sites connus de l'Administration sont recensés. D'après les services du ministère de l'Environnement, on estime qu'il y aurait au moins 300 000 sites industriels pollués sur l'ensemble du territoire national. Cyanure, arsenic, hydrocarbures, produits chimiques... Tous ces poisons peuvent s'accumuler pendant des dizaines d'années dans le sol qui fonctionne comme une véritable éponge. Grave problème écologique, certes, mais aussi sanitaire, puisque 38 % des sites pollués inventoriés se trouvent à moins de 100 m d'une habitation et 37 % à moins de 50 m d'un cours d'eau... Rien de rassurant !

On découvre chaque année de nouveaux sites pollués en France.

COMMENT ÉVITER UN SITE POLLUÉ ?

Avant de choisir un terrain où vous installer, vérifiez auprès de la DRIRE (Direction régionale de l'industrie, de la recherche et de l'environnement) et de la DIREN (Direction régionale de l'environnement) si vous n'êtes pas à proximité d'un ancien site industriel.
Pour les matières nucléaires, l'ANDRA (Agence nationale pour la gestion des déchets radioactifs) établit aussi chaque année un inventaire des sites contenant des déchets (on en comptait 1 064 en 1997). Enfin, la meilleure source d'information reste souvent la mairie de la commune et éventuellement le voisinage.

CONSTRUIRE EN FONCTION DU CLIMAT

Faut-il construire la même maison au bord de la mer ou à la montagne, dans le Midi ou dans le Nord ? Non, bien sûr. Car le climat est différent dans chaque région. L'ensoleillement, les variations de température, le régime des vents et des précipitations... tous ces paramètres climatiques modifient la conception d'une maison pour répondre à des exigences de confort. Cela semble évident. Et pourtant, nombre de maisons sont bâties tous les jours selon les mêmes modèles, sans tenir compte de l'environnement proche.
Le but de l'habitat bioclimatique consiste à tirer profit du climat le mieux possible pour offrir aux habitants les meilleures conditions de confort à moindre coût. En hiver, il faut se protéger du froid et récupérer au maximum l'énergie du soleil comme source d'énergie gratuite. À l'inverse, en été, il faut se protéger du soleil et ouvrir sa maison au vent pour que l'atmosphère y soit agréable. De même, une conception bioclimatique doit rechercher l'apport de lumière naturelle pour éclairer les pièces, les rendre agréables à vivre, et limiter les dépenses d'électricité.

DEUX CRITÈRES FONDAMENTAUX

Il est donc primordial de veiller à deux critères fondamentaux pour construire une maison ou en modifier l'agencement :

– l'implantation de l'édifice ;
– l'orientation des pièces.

■ *L'implantation d'un bâtiment*

C'est la première tâche — la plus importante — qui incombe au bâtisseur. De ce choix dépendra tout le confort de la maison :

– l'éclairement ;
– l'aération ;
– la pénétration du soleil dans les pièces ;
– ou au contraire les déperditions de chaleur.

L'implantation tiendra compte du relief du terrain, de l'altitude, de la végétation, du vent et des précipitations.

Par exemple, on ne construira pas une maison sur un plateau si les vents sont violents. On cherchera plutôt à l'abriter dans un creux, ou à l'adosser à un bois. Dans ce cas, on veillera tout de même à ce que le terrain ne soit pas complètement à l'ombre pour que le soleil apporte suffisamment de lumière et de chaleur.

Autre exemple : en montagne, on sait que les vallées sont en général plus chaudes que les sommets dans la journée. Par contre, la nuit l'air se refroidit et s'accumule dans le fond de la vallée. Il faudra donc tenir compte de ces petites dépressions pour se protéger aussi bien du soleil que du vent et du froid.

■ *L'orientation de chaque pièce*

La répartition des volumes dans la maison dépend de leur utilisation.

• Les pièces orientées à l'est peuvent bénéficier du soleil le matin mais les rayons sont bas à l'horizon et donc difficiles à maîtriser. Autrement dit, ils peuvent éblouir en été.

• À l'ouest, on retrouve les mêmes inconvénients du soleil trop fort, mais en fin de journée. Surtout l'été, lorsqu'il fait très chaud, les pièces orientées à l'ouest peuvent être intenables en soirée si les ouvertures sont trop grandes ou mal conçues.

L'ORIENTATION IDÉALE !

Il n'existe aucun plan de maison idéale mais on peut facilement imaginer une disposition classique.

– Au rez-de-chaussée, on orientera les pièces à vivre au sud et les espaces moins utilisés au nord.

– À l'étage, les chambres souvent occupées seront ouvertes sur le sud alors que les chambres d'amis seront au nord.

• Les pièces situées au nord profitent en règle générale d'une lumière douce et égale toute l'année. Sauf en été : lorsque le soleil est bas (le matin et le soir) la lumière peut être accentuée.

• C'est au sud que la lumière se contrôle le plus facilement. En hiver, les rayons du soleil pénètrent profondément dans la maison et contribuent à réchauffer les pièces gratuitement alors qu'en été il est plus haut dans le ciel et inonde moins les pièces. Pour ces raisons, une maison très ouverte au sud pourra bénéficier d'un apport en chaleur et en lumière gratuit considérable. Mais il faudra aussi veiller à une bonne ventilation des pièces pour éviter les surchauffes. C'est ce que l'on appelle le solaire passif.

De grandes ouvertures permettent un apport gratuit en chaleur. Prévoyez cependant une bonne ventilation et un système protégeant des rayons du soleil en été (des stores).

La meilleure orientation en fonction de la course du soleil

Été

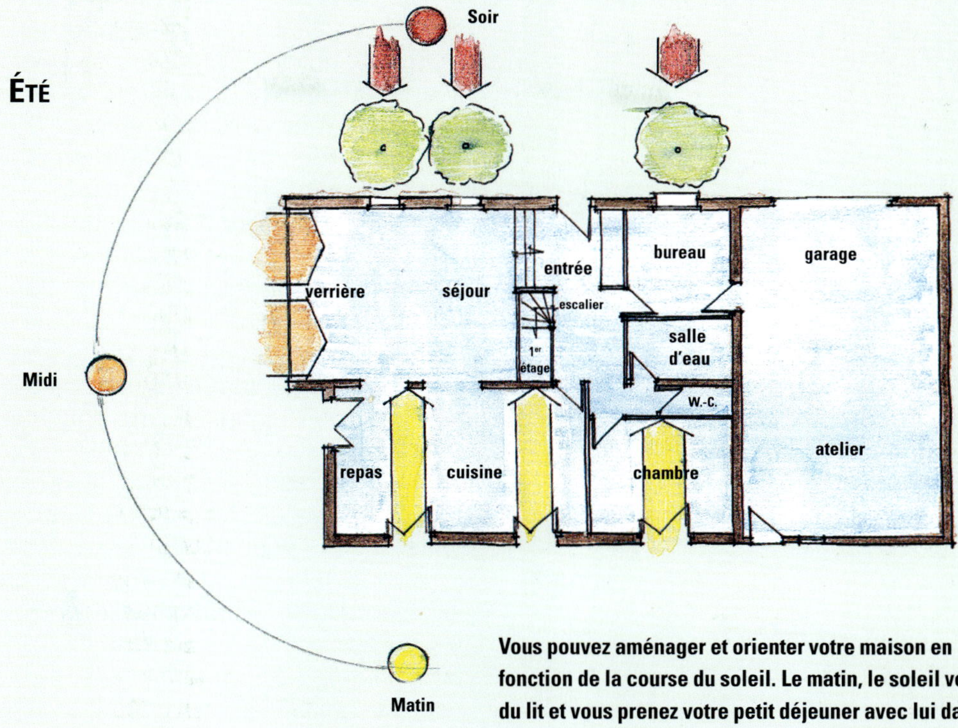

Vous pouvez aménager et orienter votre maison en fonction de la course du soleil. Le matin, le soleil vous sort du lit et vous prenez votre petit déjeuner avec lui dans la cuisine. Ensuite, une grande verrière au sud permet de profiter de la chaleur et de la lumière gratuite du soleil. Le soir, il entre dans le salon. L'été, la végétation peut limiter la pénétration des rayons de soleil aveuglants. En revanche, l'hiver, lorsque les feuilles sont tombées, le soleil éclaire et réchauffe l'intérieur.

Hiver

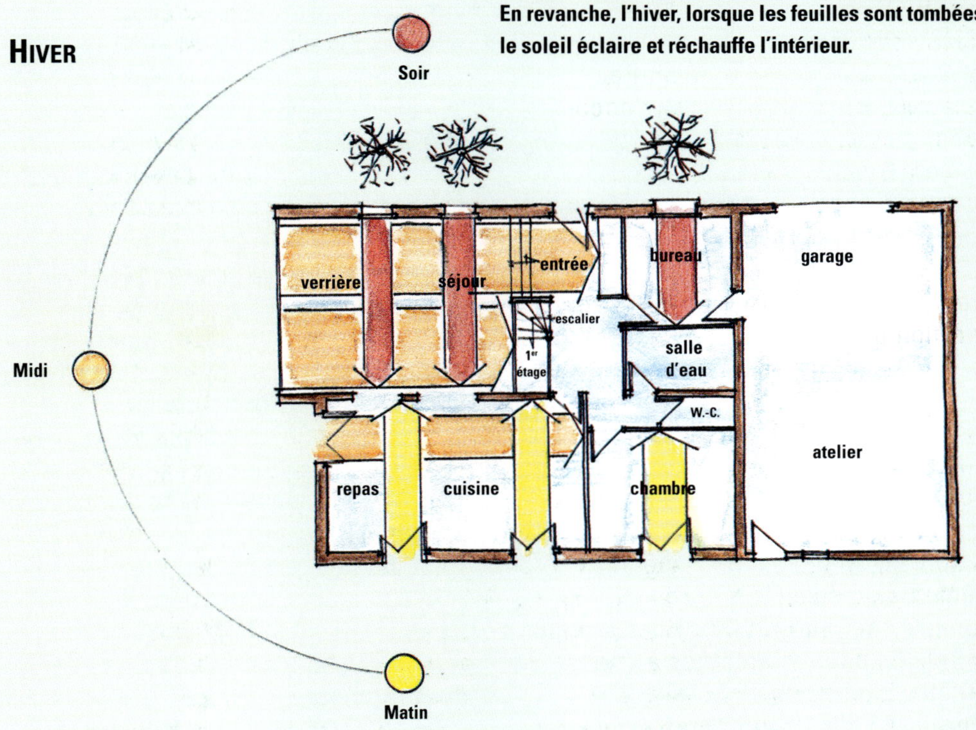

Une haie bien faite peut réduire la vitesse du vent de 50 % et protéger la maison.

L'ENVIRONNEMENT PROCHE

Végétation, cours d'eau, configuration du terrain, bâtiments mitoyens... Tout ce qui entoure une maison joue un rôle non négligeable sur son confort intérieur. Une forêt, une rivière ou un garage attenant peuvent modifier les apports de soleil, la circulation des vents ou la présence d'humidité dans une pièce. L'intérêt consiste à se servir de ces différents paramètres extérieurs pour rendre la vie plus agréable dans la maison.

■ *Première consigne :* tenir compte de l'emplacement des bâtiments annexes comme un garage, une grange, une véranda ou un atelier. Ces différentes constructions doivent servir d'espaces tampons, c'est-à-dire de lieux qui protègent des intempéries ou améliorent le confort thermique.

• Au nord, un garage permettra de mieux isoler la façade des vents et du froid. À l'intérieur, les pièces pourront donc être moins chauffées. Pour cela, une bonne isolation entre les deux est nécessaire.

• Au sud, une serre ou une véranda permettra de profiter de la chaleur solaire tout en protégeant les ouvertures de la maison. Il suffira d'ouvrir la maison pour profiter de la chaleur gratuite du soleil en hiver et, pour limiter la chaleur en été, il faudra ouvrir la serre et fermer les fenêtres. Dans certaines régions froides, on pourra créer un sas d'entrée pour limiter l'engouffrement d'air frais dès que l'on ouvre la porte.

• À l'intérieur de la maison, les toilettes, les rangements, la buanderie... peuvent aussi servir d'espaces tampons entre les pièces à vivre au sud et les lieux moins utilisés et moins chauffés au nord.

■ *Deuxième consigne :* l'eau, la végétation et le sol jouent un rôle non négligeable pour contrôler les variations de température.

• La végétation peut servir d'écran : une haie ou des arbres situés devant une habitation la protègent du vent, des précipitations ou de l'excès d'ensoleillement en été lorsque le soleil est bas dans le ciel.

• Il faut privilégier les arbres (de préférence les essences locales) dont le feuillage est dense et le branchage peu important. Ainsi, l'été la maison est bien ombragée, à l'abri des réverbérations aveuglantes, et lorsque les feuilles tombent en hiver, le soleil peut pénétrer à l'intérieur des pièces pour les éclairer et les réchauffer.

• Une maison entourée d'une grande quantité d'arbres bénéficie d'une amplitude thermique réduite entre le jour et la nuit : le feuillage empêche la pénétration du soleil et la température au sol ne grimpe pas en flèche dans la journée, et le soir ce même feuillage bloque les radiations émises par le sol limitant ainsi la fraîcheur de la nuit.

• La végétation permet également de filtrer les poussières et de produire ou d'absorber la vapeur d'eau. On peut trouver 4 millions de microbes par m^3 d'air dans un grand magasin et seulement 50 en pleine forêt. De même, un hectare de forêt peut produire jusqu'à 5000 tonnes d'eau par an et donc fabriquer une grande quantité d'oxygène.

• Cela est aussi valable pour les plantes grimpantes qui poussent sur une façade :

elles améliorent l'isolation thermique et rafraîchissent l'atmosphère grâce à la vapeur d'eau émise par le feuillage.

• La présence d'eau sur un terrain limite aussi les variations de température. Une mare, un étang, un bassin et toutes les étendues d'eau assez importantes jouent le rôle de tampons thermiques. En été, l'air sera moins chaud et en hiver il fera moins frais.

En outre, dans les régions où les étendues d'eau sont nombreuses, le climat change au cours des inter-saisons.

• Au printemps, les nuits sont froides et la terre continue de geler tard dans la saison, car la masse d'eau froide ne se réchauffe pas assez vite.

• À l'inverse, en automne, le climat est doux plus longtemps.

À plus petite échelle, dans son jardin, il est également bon de savoir qu'un système de pulvérisation peut modifier les ambiances. Lorsqu'il fait très chaud l'eau passe à l'état de vapeur et rafraîchit l'air. D'où cette sensation de fraîcheur lorsqu'on se trouve à proximité d'une fontaine.

Entourée d'une végétation dense, votre maison sera protégée du vent et plus agréable à vivre : fraîcheur l'été et chaleur l'hiver, pollution de l'air réduite...

Enfin, il ne faut pas négliger l'inertie thermique du sol. On sait que l'on peut fabriquer de l'énergie grâce aux calories présentes sous la terre (voir *chapitre 3*). Si une partie du bâtiment est enterrée, cela permet de garder les pièces au frais lorsqu'il fait chaud à l'extérieur. Et la nuit, lorsque la température chute, le sol garde la chaleur. De même, par grand froid, le sol sert d'isolant. Pour cette raison, dans certaines régions, les toitures peuvent se recouvrir d'une couche de terre.

POURQUOI FAIRE APPEL À UN ARCHITECTE ?

Les maisons clés en main, qui ont fait le bonheur des promoteurs depuis l'après-guerre, ont non seulement eu pour conséquence d'uniformiser les paysages mais aussi de multiplier les idées reçues sur le travail d'architecte.

LE TRAVAIL DE L'ARCHITECTE

La conception architecturale d'un bâtiment est considérée par beaucoup comme une démarche élitiste, une étape très onéreuse, réservée à une catégorie de population fortunée voulant construire une maison hors norme.
Pourtant, l'architecte est simplement là pour vous aider à créer un lieu de vie fait sur mesure pour répondre à vos aspirations, un habitat non standardisé. Cela n'implique pas nécessairement des coûts exorbitants. Tout dépend de vos envies et de votre budget, de vos relations avec l'architecte.
Que ce soit pour une construction ou une transformation importante de votre habitat, le travail de l'architecte vous évitera beaucoup d'erreurs et d'ennuis. À condition, toutefois, que vous connaissiez exactement vos droits et la démarche à suivre pour « diriger » votre projet.

Le premier rôle de l'architecte consiste à écouter ses clients et défendre leurs intérêts. Selon vos goûts, vos envies ou votre situation familiale, un architecte doit vous aider à construire un projet à partir de votre enveloppe budgétaire (au-dessus de 170 m^2 de surface, hors œuvres nettes, l'intervention d'un architecte est obligatoire). Une maison ou un appartement, ce n'est pas seulement quatre murs et un toit. Il faut savoir utiliser judicieusement la surface de l'habitation, aménager l'espace en organisant correctement les volumes et veiller à l'emplacement des ouvertures. De plus, une habitation ne se conçoit pas de la même manière selon qu'elle se situe à la montagne, en milieu urbain ou en rase campagne. Le type de chauffage diffère, le choix des matériaux aussi. Il faut tenir compte du climat, du paysage, de vos désirs.

- *Côté pratique*, un architecte doit trouver les entreprises capables de réaliser le meilleur travail au meilleur rapport qualité-prix. Il privilégiera souvent les petites entreprises locales, notamment pour diminuer les coûts de transports et faire en sorte que les travaux ne s'éternisent pas. Une fois les entreprises sélectionnées, l'architecte s'occupe de suivre le chantier jusqu'au rendu final de la maison (la réception des travaux).
- *Côté administratif*, il remplit les dossiers de permis de construire et peut accélérer les délais d'obtention en fournissant rapidement les documents demandés par l'Administration.

CE QU'IL VOUS GARANTIT

Votre architecte doit être diplômé d'État et inscrit à l'Ordre des architectes. De ce fait, il s'engage à respecter un certain nombre d'obligations. Le code des devoirs professionnels de l'architecte est inscrit au Journal Officiel du 20 mars 1980 (décret n° 80-217). Il suffit de le commander.
Toutefois, la seule garantie valable en cas de déboires ou de mésentente avec l'architecte est un contrat signé indiquant clairement les droits et obligations de chacun. Le travail de l'architecte doit être noté dans les détails ainsi que le montant de ses honoraires, les délais d'exécution des travaux à respecter et les assurances légales qui ont été souscrites. Un modèle type de contrat est disponible auprès des conseils régionaux de l'Ordre des architectes.
En cas de malfaçons ou de défauts majeurs dans la construction, l'architecte et les entreprises doivent obligatoirement avoir une assurance qui couvre les réparations à effectuer. Il existe une garantie décennale

L'architecte doit comprendre le type d'habitat que vous souhaitez pour vous aider à le réaliser en fonction de votre budget.

qui vous assure dix ans après les travaux si la solidité de la construction est en cause où si vous ne pouvez pas habiter dans votre maison à cause d'une erreur de l'architecte. Les équipements qui peuvent se démonter ou se remplacer sont aussi garantis pendant deux ans.
Enfin, vous devez, vous aussi, souscrire à une assurance « dommage-ouvrage » avant l'ouverture du chantier. Cette assurance est obligatoire même si vous ne faites pas appel à un architecte. En revanche, la prime peut être moins onéreuse si vous spécifiez à l'assureur qu'un architecte suit les travaux. Il est préférable de voir plusieurs assureurs avant de signer un contrat, afin d'obtenir le tarif le plus avantageux.

LES HONORAIRES DE L'ARCHITECTE

■ *Première information à connaître :* il n'existe aucune réglementation précise sur les honoraires d'architecte. C'est au client de convenir d'un montant en fonction du coût global de la construction de son habitation et de la complexité des travaux. Il va de soi qu'une habitation de 200 m^2 sur deux étages ne demandera pas le même travail qu'une maison de 100 m^2 de plain-pied. En règle générale, suivant la difficulté du projet, les honoraires peuvent varier de 8 à 12 % du coût de la construction, hors taxe.
■ *Ensuite, l'architecte peut vous proposer plusieurs modes de rémunération.*

• Rémunération à l'heure : s'il s'agit d'une mission d'expertise ou de conseil demandé à l'architecte, elle sera assez courte pour justifier une vacation horaire. Par exemple, vous souhaitez connaître l'avis d'un professionnel avant d'acheter une vieille maison.

• Rémunération au forfait : pour payer un architecte au forfait il faut préalablement connaître parfaitement sa mission et le projet de construction. Mais tant que les entreprises n'ont pas donné un devis précis, il est difficile d'estimer le coût total de la construction. Pour cette raison, le contrat d'architecte prévoit une marge de tolérance entre les travaux estimés et le coût réel qui peut être de 10 % maximum.

• Rémunération au pourcentage du coût des travaux : cette formule, la plus utilisée, peut s'appliquer lorsque le projet de construction n'est pas clairement défini au départ. Au fur et à mesure que les travaux avancent, bon nombre de clients veulent en effet imposer des modifications. En revanche, la mission de l'architecte doit être bien spécifiée dans le contrat.

À QUI S'ADRESSER ?

Avant de faire personnellement appel à un architecte, vous pouvez présenter votre projet à différents organismes (voir *Carnet d'adresses*) :

– Vous pouvez consulter le Conseil d'architecture, d'urbanisme et d'environnement (CAUE) de votre département. Un architecte conseil doit pouvoir vous offrir une assistance technique et vous informer notamment sur les règles d'urbanisme à respecter pour que votre maison soit bien intégrée sur le terrain.

– Même pour une simple transformation de votre habitation, vous pouvez consulter un conseiller des Agences d'information sur le logement (ADIL) qui vous aidera à régler les aspects juridiques, fiscaux et administratifs.

– Dans certaines régions, il existe aussi des maisons de l'Architecture qui renseignent le public et les professionnels sur le métier d'architecte. Vous pouvez obtenir la liste auprès du Conseil national de l'ordre des architectes.

– L'association Maisons Paysannes de France dispose d'architectes conseils qui vous renseignent gratuitement sur les règles à suivre pour restaurer une maison ou construire un bâtiment en respectant les techniques traditionnelles et les savoir-faire artisanaux.

COMMENT CHOISIR UN ARCHITECTE ?

Le meilleur moyen est souvent le bouche-à-oreille. Si vous connaissez des amis satisfaits du travail de leur architecte, vous pouvez avoir un aperçu du travail effectué en visitant leur demeure. Sinon, rencontrez plusieurs architectes afin de choisir celui qui vous plaît le plus, tant sur le plan humain que sur sa conception du bâti. Cependant, il faut savoir que les architectes qui connaissent les techniques de construction saines et naturelles exposées dans cet ouvrage ne sont pas nombreux. Pour cette raison, nous recommandons quelques cabinets d'architecture qui préconisent et pratiquent l'habitat sain et naturel en fin d'ouvrage.

LE BÂTIMENT DANS SON ENVIRONNEMENT

INTÉGRATION AU SITE

Est-ce un hasard s'il existe en France autant de types d'habitats que de fromages ou de vins ? Selon le terroir, le climat, le paysage ou les mœurs, les maisons ne sont pas bâties avec les mêmes matériaux, suivant les mêmes formes, les mêmes techniques. De même que tous les vins n'utilisent pas les mêmes cépages et les fromages les mêmes procédés de fermentation.
Au fil des siècles, les hommes ont façonné la terre pour créer les paysages, ils ont cherché à maîtriser la nature pour exploiter ses ressources, ils ont peaufiné des techniques de construction pour vivre sous un toit capable de les protéger au mieux des aléas climatiques... Bref, ils ont appris à vivre avec leur environnement local. Voilà pourquoi chaque région de France a son identité, empreinte de traditions et de savoir-faire qui donnent naissance à une mosaïque de pays. Le pays d'Ouche (l'Eure) et ses constructions en pans de bois hourdées en torchis ou en brique, le Soissonnais (l'Aisne) et ses maisons bâties en pierre de taille, la Margeride (le Cantal) et ses fermes en pierres granitiques recouvertes de lauzes, le Bas-Armagnac (les Landes) et ses maisons en torchis ocre jaune avec un auvent recouvert de tuiles canal...
Au total, on estime qu'il existe entre 400 et 600 pays différents en France !
C'est cette richesse culturelle que nous envient les 70 millions de touristes qui parcourent la France chaque année et en font le pays le plus visité au monde.
Malheureusement, dans la plupart des régions de France, la maison vernaculaire (propre au pays) est classée au rang de simple curiosité patrimoniale. Le pavillon en parpaing recouvert de tuiles mécaniques et agrémenté de volets en plastique est devenu le lot commun.
Résultat, les paysages s'uniformisent et s'enlaidissent. Mais il ne faut pas pour autant tomber dans le travers facile du culte du passé. La plupart de nos ancêtres n'avaient sans doute pas le même confort que nos contemporains.
Il faut savoir aujourd'hui allier modernité et tradition pour intégrer le mieux possible l'habitat dans son environnement, que ce soit en rase campagne ou en milieu urbain. Et cela impose quelques règles.

MAISON DU CANTAL

Parce qu'elles sont fabriquées à partir des matériaux directement issus du terrain, les maisons anciennes sont particulièrement bien intégrées au paysage.

Maison de l'Allier

■ *La première règle relève du simple bon sens :* pourquoi aller chercher loin ce que l'on peut avoir à côté de chez soi ?
La construction moderne a tendance à utiliser des matières premières venant de pays lointains : des bois tropicaux d'Afrique ou d'Asie du Sud-Est, des métaux d'Amérique du Sud, du pétrole du Moyen-Orient pour le plastique… Le transport de ces ressources a un coût écologique et économique non négligeable.
Mieux vaut donc utiliser autant que possible les matériaux issus de l'environnement proche, d'autant plus que leur couleur, leur matière et leur forme seront plus en harmonie avec le paysage. Plus les matériaux sont bruts, plus ils se confondent facilement avec le milieu naturel.

• Dans le Bassin parisien, la pierre calcaire, fine et magnifique, a donné naissance à la fameuse pierre de taille qui servit à bâtir les immeubles parisiens cossus.

• Dans les pays de la Loire, les maisons se construisaient facilement grâce au tuffeau, une belle pierre tendre, très facile à tailler mais friable.

• À l'inverse, en Bretagne, dans le Massif central, ou en Bourgogne, on extrayait des sols granitiques et schisteux une pierre dure, solide et très difficile à travailler. Les maisons étaient donc souvent basses, massives et austères.

• D'autres régions comme la Vendée, la Normandie ou le sud-est de la France avaient recours uniquement à l'argile et les bâtiments se construisaient en terre comprimée, le pisé ou le torchis.

■ Sur les murs, un enduit à la chaux grasse est beaucoup plus esthétique qu'un enduit

Maison de la Creuse

Les matériaux naturels (pierre, bois, terre...) utilisés en construction, facilitent l'intégration de la maison dans le paysage.

au ciment gris comme on le voit très souvent. Sans compter que sur le plan technique, le ciment enferme l'humidité et ne laisse pas les murs respirer.

■ Pour les portes, les fenêtres et les planchers on choisira le chêne, le hêtre, le mélèze ou le pin plutôt que les bois tropicaux, le plastique ou l'aluminium.

■ Pour le gros œuvre (l'ossature de la maison), la brique, la pierre, la terre crue ou le bois sont plus recommandés que le béton.

■ L'ardoise, la lauze, les bardeaux de bois, la tuile plate ou ronde recouvriront mieux un toit que de la tuile mécanique ou de la tôle...

Bien sûr, l'emploi de ces matériaux est parfois plus onéreux : justement, l'architecte peut être utile pour permettre d'utiliser les meilleurs matériaux aux meilleurs endroits. Mais il faut aussi comprendre qu'un pavillon clés en main reste hors de prix au regard de sa qualité et de sa durée de vie. Il est même proportionnellement beaucoup plus cher qu'une maison en bois, en pierre, en brique ou en terre qui vieillira mieux, tant sur le plan de la solidité que de l'esthétique.

■ *La deuxième règle : tenir compte de la configuration du terrain.*
Paradoxalement, plus le terrain est difficile d'accès (végétation dense, vents violents, forte pente...), plus l'intégration d'un bâtiment dans l'environnement est évidente. Car le choix est restreint.
En revanche, un terrain plat, dégagé, accessible, doit faire appel à davantage d'imagination pour que la maison n'apparaisse pas comme une verrue dans le paysage.
Il faudra bien sûr faire attention au choix des matériaux, mais aussi aux formes, aux proportions, aux volumes... Tous les exemples de construction prouvent qu'il est plus facile d'intégrer un volume unique, bien dessiné, qu'une multitude de petites structures dispersées sans réflexion.
La simplicité est toujours beaucoup plus esthétique et discrète que la complexité, souvent grossière et tape-à-l'œil.

■ *La troisième règle :* l'intégration d'un bâtiment dans le paysage dépend beaucoup de son environnement immédiat : le jardin, les clôtures, les dépendances (grange, garage...). Quoi de plus monotone que ces pelouses à l'anglaise, fraîchement tondues, agrémentées de thuyas, de sapins bleus ou autres conifères rabougris ? Quoi de plus laid et prétentieux qu'une clôture en fer noir torsadé, alignée entre des colonnes en béton blanc démesurées ? Quoi de plus ridicule que ces garages immenses parés de sinistres portes métalliques plaquées comme des verrues sur le côté de la maison ? Tous ces exemples ont tendance à enlaidir et uniformiser les habitations dans toute la France. Question de goût ? Non, de culture, de choix et de diversité. Un jardin sera d'autant

Pourquoi ne pas préférer une belle clôture en osier aux habituelles haies de thuyas qui uniformisent les jardins ?

plus joli et réussi qu'il mariera une grande variété de plantes, d'arbres et d'arbustes. Il sera original, à l'image de son propriétaire.
Par exemple, on peut choisir des plantes en fonction de chaque saison pour profiter d'un beau jardin toute l'année. Faites le tour des pépiniéristes de votre région (voir *Carnet d'adresses*), vous serez surpris. Il existe 65000 espèces de végétaux répertoriés en France par la Société nationale d'horticulture. On peut donc trouver à coup sûr de magnifiques espèces locales originales, qui s'adaptent bien au sol et au climat. De même, pensez à planter de beaux arbres : chêne, frêne, hêtre, tilleul, châtaignier, charme, orme...
Ils donneront du cachet à votre maison et serviront de barrière naturelle contre les bourrasques de vent, la pluie et la neige.
Pour les haies, pourquoi ne pas planter des petits fruitiers plutôt que les sapins classiques qui appauvrissent le sol en l'acidifiant.
Le choix ne manque pas : aubépine, prunellier, noisetier, bouleau, charme, sorbier des oiseleurs, cornouiller, merisier... Faciles d'entretien, ces haies sont jolies, elles attirent les oiseaux grâce à leurs baies et embaument le jardin du parfum de leurs fleurs.

La bonne proportion des ouvertures sur la façade d'une maison est trop souvent négligée. De mêmes dimensions, ces deux maisons sont pourtant radicalement différentes : celle du bas s'intégrera mieux au paysage.

Les clôtures les plus discrètes et les plus esthétiques sont en bois, en saule ou en osier. Par exemple, on trouve aujourd'hui des fabricants de haies tressées en osier. Il s'agit de brins d'osier vivant, donnant naissance à de magnifiques clôtures feuillues, qui poussent et évoluent en fonction des saisons (voir *Carnet d'adresses*).

■ *La quatrième règle :* comme le visage, la façade d'une maison est la partie du bâtiment qui retiendra le plus l'attention dès le premier coup d'œil. Elle doit donc avoir des proportions harmonieuses, des tons subtils, un beau revêtement...
Les ouvertures ne doivent pas être disproportionnées. Imaginez un visage avec une bouche immense et un nez minuscule... Bien sûr, les grandes baies vitrées sont très agréables à l'intérieur mais elles peuvent aussi défigurer la maison si elles ne sont pas bien intégrées dans la façade. Choisissez des fenêtres et des volets en bois qui reprennent le style de la région. Les couleurs

vives peuvent égayer une façade mais il faut savoir bien doser, comme pour le maquillage. Surtout, il faut éviter de faire un enduit au ciment. Préférez des enduits à la chaux (colorée ou non selon les régions) qui n'emprisonnent pas l'humidité et sont plus esthétiques.

CODE D'URBANISME ET RÉGLEMENTATIONS

Nous l'avons vu, la France est riche d'un patrimoine naturel et culturel exceptionnel. D'où sa réputation de pays où il fait bon vivre que lui envie le monde entier. De toute évidence, la protection et la mise en valeur de ce patrimoine sont des atouts pour le développement local. Il existe donc aujourd'hui un grand nombre de règles et de procédures juridiques dont il faut tenir compte pour ne pas porter atteinte à la qualité de nos paysages. Malheureusement, certaines communes sont parfois laxistes, et c'est donc aussi au citoyen de veiller au bon respect de ces lois.

Le Plan d'occupation des sols

Avant de construire une maison ou même de réaliser quelques travaux de restauration, il faut impérativement consulter le Plan d'occupation des sols (POS) élaboré par la commune.

■ *Le POS édicte en effet un certain nombre de consignes à respecter pour ne pas se mettre en infraction :*

- Il délimite les espaces préservés de l'urbanisation (agricoles, archéologiques, écologiques...).
- Il délimite les secteurs dans lesquels la reconstruction ou l'aménagement de bâtiments existants devra tenir compte de règles architecturales ou d'urbanisme à respecter.
- Il définit de façon précise les conditions de l'intégration paysagère des nouveaux aménagements et constructions : implantation, emprise au sol, hauteur, aspect extérieur, clôture...

En l'absence de POS, le Code de l'urbanisme limite aussi l'urbanisation. L'article L.111-1-2 n'autorise les constructions que dans les parties déjà urbanisées de la commune. Et l'article L.111-1-4 interdit toutes les constructions nouvelles le long des routes à grande circulation, sauf si elles sont liées à l'infrastructure routière ou à l'agriculture.

Même dans les milieux urbains denses, comme ici à Vitry, le code de l'urbanisme impose des règles de construction (implantation, hauteur, aspect extérieur...).

Monuments et sites classés ou inscrits

■ *La loi du 31 décembre 1913* a mis en place deux types de protections pour sauvegarder les monuments remarquables : le classement et l'inscription. La modification d'un monument classé doit être autorisée par le ministère de la Culture. Pour un bâtiment inscrit, tout projet de restauration est soumis au directeur régional des affaires culturelles. Si vous êtes propriétaire d'une habitation située dans un périmètre de 500 m de rayon autour du monument inscrit ou classé, tous les travaux extérieurs et visibles que vous souhaitez effectuer doivent recueillir l'accord de l'architecte des bâtiments de France (Service départemental de l'architecture).

■ *La loi du 2 mai 1930* reprend les mêmes types de protections que celle du 31 décembre 1913 mais elle concerne les sites.
Pour construire ou faire des aménagements de son habitation dans un site classé, il faut soumettre les projets au ministère de l'Aménagement du territoire et de l'Environnement.
Dans un site inscrit, tout projet qui peut modifier l'aspect du lieu est soumis à l'avis de l'architecte des bâtiments de France (SDA).

AIDES

Certaines communes peuvent apporter une aide à la restauration ou à l'amélioration de votre habitat. C'est le cas dans certains parcs naturels régionaux ou dans les communes qui réalisent une Opération programmée d'amélioration de l'habitat (OPAH) définie par l'article 21 de la loi d'orientation pour la ville du 13 juillet 1991.
Renseignez-vous auprès de l'Agence nationale pour l'amélioration de l'habitat (ANAH, voir *Carnet d'adresses*) ou de la mairie.

Autres mesures de protection

De nombreuses autres mesures de protection des paysages et des monuments existent partout en France.
Dans tous les cas, avant de vous installer ou d'acquérir une habitation, il est conseillé de se renseigner auprès du CAUE, de la DIREN et de sa mairie.
Peut-être votre maison est-elle, en effet, inscrite dans un secteur sauvegardé (loi Malraux du 4 août 1962) et soumise à un guide de la restauration ; ou encore, se situe-t-elle dans une Zone de protection du patrimoine urbain et paysager (ZPPAUP, loi du 7 janvier 1983). Si vous souhaitez vous installer en montagne ou sur la côte, n'oubliez pas de prendre connaissance des lois littoral (3 janvier 1986) et montagne (9 janvier 1985).

Chantier à faibles nuisances

La France a été le premier pays européen à mettre en place des « chantiers verts ». Des opérations de chantiers respectueux de l'environnement sont en effet initiées par le Plan Urbanisme Construction Architecture (PUCA) du ministère du logement depuis 1993. Leur but est de réduire le bruit et la pollution de l'air pour ne pas gêner les riverains, de limiter au maximum la circulation des véhicules de chantiers, de trier et recycler les déchets du bâtiment estimés à 25 millions de tonnes par an. Bien sûr, ces chantiers verts concernent essentiellement les grands travaux et rarement les constructions individuelles, moins polluantes. Cela dit, même sur les petits chantiers, les entreprises doivent faire un effort pour limiter les nuisances. Veillez notamment à ne pas déverser sur le terrain des substances susceptibles de polluer les sols et les nappes phréatiques. De même, le rejet de produits nocifs dans des réseaux de collecte des eaux usées et pluviales peut endommager les installations de traitement. Si des travaux importants sont exécutés à proximité du voisinage, quelques dispositions sont à prendre. Une circulaire d'août 1978 impose que « les travaux de plein air s'effectuent de façon à ne pas disperser de poussière dans l'air, ni porter atteinte à la santé ou causer une gêne pour le voisinage », et elle stipule aussi que « les chantiers ouverts sur la voie publique ou en bordure de celle-ci doivent être entourés de clôtures assurant une protection et une interdiction de pénétrer efficaces ».
Enfin, dernier point important : les nuisances acoustiques. Les niveaux de bruit élevés sont dommageables tant pour les ouvriers que pour le voisinage. Tous les objets susceptibles de provoquer des nuisances sonores élevées doivent être insonorisés et homologués conformément à la loi du 31 décembre 1992, relative à la lutte contre le bruit. Par ailleurs, la loi du 18 avril 1995 concernant la lutte contre les bruits de voisinage va encore plus loin. Elle stipule qu'il y a infraction pour « toute personne qui, à l'occasion de chantiers de travaux publics ou privés et de travaux intéressant les bâtiments et leurs équipements soumis à une procédure de déclaration ou d'autorisation, aura été à l'origine d'un bruit de nature à porter atteinte à la tranquillité du voisinage et à la santé de l'homme… »

Quelle que soit l'importance des travaux, les entreprises doivent limiter les nuisances environnementales (bruits, déchets, pollutions…).

CHAPITRE 2

L'ISOLATION

À l'heure où les économies d'énergies sont d'actualité, isoler sa maison est le premier geste à effectuer pour diminuer sa facture énergétique. De nouveaux isolants naturels et respectueux de l'environnement ont fait leur apparition sur le marché du bâtiment : laine de chanvre, de lin et de mouton, cellulose à base de papier recyclé, liège, panneaux de bois agglomérés ou granulés de pierres volcaniques. Sont-ils fiables et performants? Comment les choisir? Quels sont leurs spécificités?

ISOLER AVEC DES MATÉRIAUX SAINS ET PERFORMANTS

Il est important, à la fois pour l'environnement, le confort et son porte-monnaie, de bien isoler sa maison. Mais pas trop non plus. Et surtout pas n'importe comment. Car une maison qui ne respire pas devient vite un « nid à maladies ». La qualité de l'air est médiocre, les polluants et les micro-organismes s'accumulent dans l'air ambiant, l'humidité augmente et entraîne des moisissures.

L'ISOLATION THERMIQUE

Les origines

Après le premier choc pétrolier de 1973, l'isolation thermique des bâtiments s'est fortement développée en France afin de faire des économies d'énergie. En 20 ans, 18,7 millions de TEP (Tonnes Équivalent Pétrole) ont ainsi pu être économisées sur les dépenses de chauffage.

Les nécessités de la ventilation

On oublie trop souvent qu'isolation ne doit pas être synonyme d'imperméabilité totale. Les maisons isolées avec de la laine minérale, recouvertes de pare-vapeur en polyane pour éviter le cheminement de la vapeur d'eau à travers les parois, ressemblent à de véritables boîtes de conserve isothermes. Et si elles ne sont pas équipées de ventilation mécanique contrôlée, on frôle la catastrophe car l'air intérieur n'est jamais régénéré.

Les matériaux isolants naturels

L'avantage de nombreux matériaux isolants naturels (voir *Quels matériaux choisir* p. 38), contrairement à la laine de roche ou de verre, réside dans leur capacité à absorber et restituer l'humidité. Ils sont hydrophiles et permettent donc à votre maison de « respirer ». Une paroi perméable facilite les échanges gazeux et régule l'humidité ambiante. Or, moins il y a d'humidité, meilleure est l'isolation et plus le chauffage est performant.
Bref, les matériaux d'isolation naturels sont essentiels au confort de l'habitat car ils évitent le désagrément d'une ambiance confinée et humide.

> **CONSEIL**
>
> Veiller à ce que l'isolation thermique soit aussi efficace sur le plan phonique, car, dans les greniers isolés, on aménage souvent des chambres.
> Il faudra aussi assurer une bonne étanchéité au niveau des ouvertures et des conduits de cheminée.

Pour limiter le coût du chauffage, l'isolation d'une maison est indispensable. Ici, les habitants ont choisi des murs auto-isolants (brique Monomur) et de grandes ouvertures en double vitrage.

Les ponts thermiques

Par ailleurs, il faudra veiller à ne pas créer des ponts thermiques, c'est-à-dire des endroits froids où les raccords d'isolation ne sont pas bien réalisés, en particulier dans les angles de murs, les raccords entre les parois, les appuis de fenêtres, les jonctions entre les planchers et les murs...

Limiter les déperditions

Pour que l'isolation thermique soit vraiment efficace, il faut limiter les déperditions de chaleur partout où il y a un contact entre l'air intérieur et l'air extérieur de la maison, c'est-à-dire aussi bien sur les murs, que sur le toit, les planchers et les ouvertures.

• **Les murs** peuvent être auto-isolants. C'est le cas des maisons anciennes aux murs en pierre très épais hourdés à la terre, mais également des maisons entièrement en terre ou en brique Monomur. Il s'agit de la meilleure solution, la plus économique, la plus saine et la plus écologique (voir *Que doit-on isoler ?* p. 33).

Projection de cellulose sur un plancher.

• **Pour les combles**, on peut utiliser des isolants sous forme de laine (fibres de chanvre ou de lin, laine naturelle) ou des isolants à projeter (la cellulose) que l'on peut appliquer soi-même sans difficulté.

DÉCIBELS, ATTENTION DANGER !

Les effets physiologiques du bruit varient d'un individu à un autre en fonction de sa forme physique et psychique.

Mais en règle générale, on considère que :
– à partir de 65 dB (A) cela pose réellement problème ;
– à 85 dB (A) cela met en danger l'appareil auditif.

Plutôt que d'ajouter un isolant sur un mur déjà construit, la meilleure solution consiste à le bâtir avec un matériau auto-isolant (briques Monomur, Bisotherm...).

• **Pour les planchers**, l'isolation peut aussi se faire facilement grâce à des isolants à poser en vrac entre les solives (chanvre, cellulose, Perlite...) ou grâce à des panneaux en bois aggloméré.

• **Pour les ouvertures**, il existe plusieurs types de double vitrage.

L'ISOLATION PHONIQUE

Une opération nécessaire

Bien sûr, l'isolation thermique reste un point essentiel pour une habitation bien conçue. Mais pour 80 % des Français qui vivent en milieu urbain, l'isolation phonique se révèle tout aussi fondamentale.

D'après l'Institut français de l'environnement (IFEN), 7 millions de Français sont encore exposés à un bruit trop important chez eux. Et ils sont encore plus nombreux à se plaindre. Selon un sondage INSEE-IFEN de 1998, 33 % des ménages se déclarent gênés par le bruit de la circulation, première nuisance avant les bruits de voisinage (30 %).

Pendant longtemps, on a pensé que le bruit n'entraînait que des troubles de l'audition susceptibles de rendre sourd ou de fatiguer l'oreille. Aujourd'hui, les médecins savent que le bruit peut provoquer des réactions sur l'ensemble de l'organisme. Stress, vertige, fatigue, hypertension, réduction du champ visuel, troubles du sommeil...

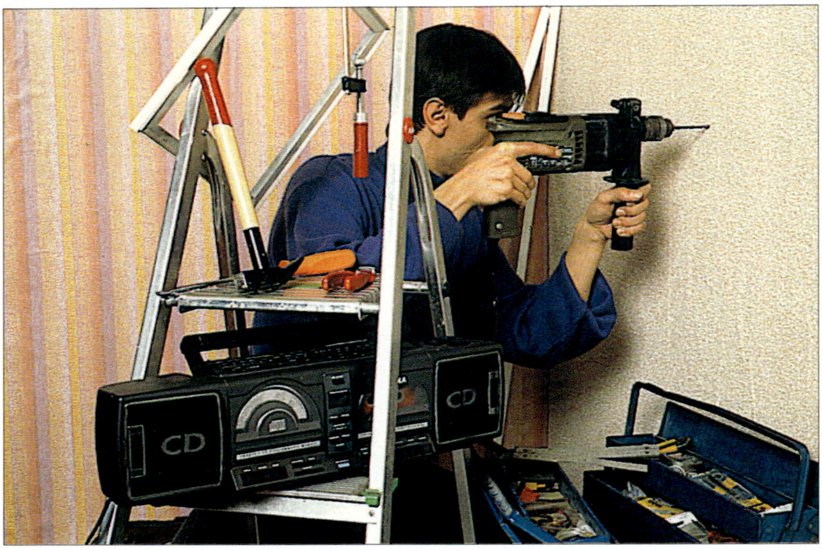

Au delà de 65 dB (A) le bruit est dangereux pour la santé.

De bons résultats sont obtenus lorsqu'on intercale des matériaux isolants mous entre des parois dures et élastiques. Pour les bruits d'impacts notamment, une fine couche de liège ou un panneau en fibre de bois peut parfois suffire.

Comme pour la chaleur, il ne faut pas oublier que toutes les parois d'une pièce participent à la diffusion du bruit. Il est donc conseillé d'isoler aussi les plafonds et les planchers.

En 1995, le rapport du député Bernard Serrou évaluait à 350 000 le nombre de logements situés dans des points noirs (plus de 70 dB le jour). Et la situation ne s'est guère améliorée depuis. L'isolation phonique n'est donc pas un luxe, mais souvent une nécessité pour vivre en bonne santé.

■ *Deux types d'actions peuvent être menés pour se protéger des bruits chez soi :*

– l'isolation acoustique ;
– la correction acoustique.

■ *L'isolation acoustique* consiste à réduire un bruit provenant de l'extérieur, de la rue ou d'un local voisin séparé par une cloison.

Elle concerne deux catégories de bruits :

- **les bruits aériens**, qui se propagent par la voie des airs, dans toutes les directions ;
- **les bruits solidiens**, qui se propagent par des matériaux durs ou des liquides dans une direction précise. C'est le cas des bruits d'impacts (les pas sur un plancher, par exemple).

Plus une paroi est massive (la plus lourde possible), plus elle isole du bruit. Quant aux matériaux isolants, ils doivent bénéficier d'une structure poreuse ou fibreuse pour absorber les ondes acoustiques.

Généralement, les matériaux avec des coefficients d'absorption acoustiques élevés sont aussi de très bons isolants thermiques.

■ *La correction acoustique* permet de réduire le bruit à l'intérieur même du local. Si l'on réside dans une pièce mal insonorisée, les parois n'absorbent aucun bruit. L'effet « caisse de résonance » devient vite insupportable. Dans ce cas, la mise en place d'un revêtement sur les murs peut suffire. Si vous souhaitez éviter les tissus ou les tentures pour des raisons esthétiques, vous pouvez appliquer un enduit au plâtre ou à la chaux (avec des fibres végétales), qui possède des vertus absorbantes.

L'isolation acoustique permet de réduire les bruits venant de l'extérieur et les bruits d'impact. Ici, un revêtement à base de cellulose convient parfaitement.

QUE DOIT-ON ISOLER ?

Des sols aux combles en passant par les ouvertures, il faut veiller à tout isoler dans la maison, afin d'offrir un maximum de confort à ses habitants et de limiter les déperditions de chaleur.

LES MURS

L'isolation des murs d'une habitation peut se réaliser de l'intérieur ou de l'extérieur. La France est le seul pays européen à insister sur l'isolation des murs à l'intérieur du bâtiment. Pourtant, cette technique reste moins performante que l'isolation extérieure.
Pour isoler une maison à bâtir, il suffit de prévoir, dès la conception, des murs auto-isolants. On peut penser à des murs en briques Monomur, en pierres isolantes volcaniques (Bisotherm), en terre, en chanvre sur une ossature en bois, ou encore des murs en pierre très massifs hourdés à la terre. Ainsi, les parois peuvent directement accumuler la chaleur fournie par le chauffage, les habitants et les rayons du soleil qui passent au travers des fenêtres.
L'inertie thermique de la maison, c'est-à-dire sa capacité à stocker et déstocker l'énergie dans sa structure, est beaucoup plus importante quand les murs sont auto-isolants. Or, cette inertie thermique joue un rôle important dans le confort d'une maison, en été comme en hiver. En été, cela permet d'absorber la chaleur aux heures les plus chaudes de la journée (donc de garder une maison fraîche) et de la restituer aux heures les plus froides. Et en hiver, cela permet de récupérer la chaleur du soleil. Bref, dans tous les cas, la construction de murs auto-isolants est à privilégier.

■ *S'il s'agit d'une maison déjà bâtie, deux possibilités sont envisageables suivant le climat et le type de maison :*

• **À l'intérieur**, on peut recouvrir les murs d'un enduit épais à la chaux mélangé à des fibres végétales (chanvre, lin, liège) ou minérales (pierres volcaniques, terre). Cet enduit a l'avantage d'isoler correctement sans être hermétique comme la laine de verre.

• **À l'extérieur**, on peut construire des contre-murs en briques comme il en existe en Belgique ou dans certains départements du Nord de la France.

À l'intérieur, un enduit à la chaux mélangé à des fibres végétales, comme ici le chanvre, permet d'isoler correctement tout en étant perméable à la vapeur d'eau.

LA TOITURE ET LES COMBLES

Il est souvent bien plus facile et économique d'isoler une toiture que des murs. On trouve, en effet, dans la plupart des cas, moins d'ouvertures sur un toit que sur une paroi verticale. Cela se révèle d'autant plus efficace qu'au moins 30 % de la chaleur s'échappe par le haut de l'habitat.
Le simple fait d'isoler un toit peut faire diminuer de moitié une facture de chauffage.

■ *Deux possibilités s'offrent à vous :*

• **Si vous aménagez vos combles**, il faut isoler directement sous la charpente du toit. La solution la plus courante et la plus pratique consiste à utiliser des isolants en rouleaux (fibres végétales, laine) ou en plaques (bois, liège, cellulose...). Il suffit de les découper sur mesure, pour venir les placer entre les solives et les fermettes. N'oubliez pas qu'une maison bien isolée doit aussi respirer, pour éviter la condensation et l'humidité.

Pour isoler directement sous la toiture, certains panneaux de bois aggloméré sont particulièrement efficaces.

C'est par le toit que la plus grande partie de la chaleur s'échappe. Il convient donc d'isoler les toitures en priorité, surtout lorsqu'elles ont une surface importante, comme ici.

Le chanvre se prête bien à l'isolation des combles non aménagés car il peut facilement se poser en vrac entre les solives.

Toutefois, dans certains cas, il sera nécessaire de poser un pare-vapeur pour éviter la condensation et la circulation de vapeur d'eau entre les parois, au cœur de l'isolant. Il existe des pare-vapeur plus respectueux de l'environnement que le polyane ou le feutre bitumineux. On en trouve en carton naturel recouvert d'un film de caoutchouc ou d'un enduit de cire microcristaline.

- **Si les combles ne sont pas habités**, par choix ou parce qu'ils sont inaccessibles, il suffit d'isoler le plancher situé entre le dernier étage et les combles. Dans ce cas, vous pouvez utiliser des isolants à poser en vrac ou à projeter entre les solives, à même le sol.

LES SOLS

À l'instar de la toiture, les planchers peuvent profiter d'une bonne isolation à un coût abordable. Le sol du rez-de-chaussée entraîne souvent une perte d'énergie importante. En hiver, il répercute le froid du sol dans les pièces, surtout si les matériaux ont une conductivité thermique importante comme par exemple les terres cuites, le carrelage ou les dalles en pierre.

■ *Si vous restaurez une maison ancienne*, il se peut que le sol du rez-de-chaussée ne soit pas isolé. Dans ce cas, il faut projeter un isolant en vrac (cellulose, chanvre, lin...) entre les lambourdes.

■ *Si le sol est à refaire entièrement*, il faut prévoir la pose d'un hérisson en pierre de 20 cm d'épaisseur qui constituera un matelas d'air entre le sol et la chape. Cela empêchera l'eau de remonter par capillarité et coupera des variations de température du sol à l'extérieur.

PLANCHER EN BOIS

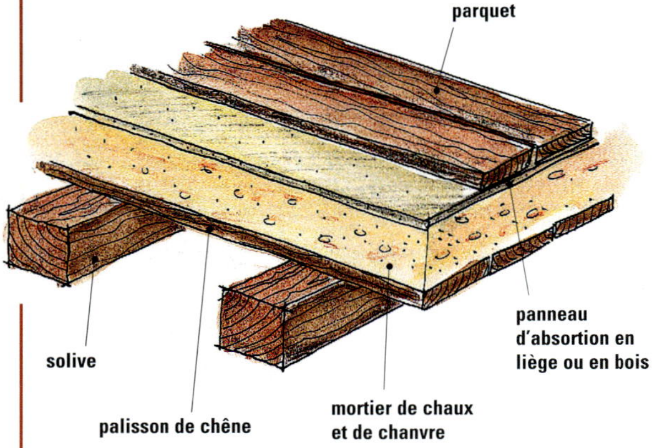

■ *Pour les planchers intermédiaires en bois*, l'isolation est presque toujours un point faible. Elle est pourtant indispensable si vous voulez réduire les déperditions de chaleur avec les bâtiments annexes.

■ *L'isolation des sols est incontournable pour réduire les sources de bruit.*
Un plancher fin et non isolé peut, en effet, générer un manque de confort acoustique considérable pour les habitants.

• Le mieux reste bien entendu de réaliser un double plancher avec une isolation entre les deux épaisseurs. Elle peut se faire avec des isolants en vrac, faciles à poser et plus économiques que les laines, à réserver plutôt pour les combles.

• Sinon, une deuxième solution, moins efficace mais plus économique, consiste à augmenter la masse du plancher en ajoutant un revêtement qui absorbe les bruits d'impacts. Par exemple, des panneaux de bois agglomérés ou un feutre végétal peuvent être appliqués entre le plancher et le revêtement de sol.

PLANCHERS EN BOIS AVEC UN FAUX PLAFOND

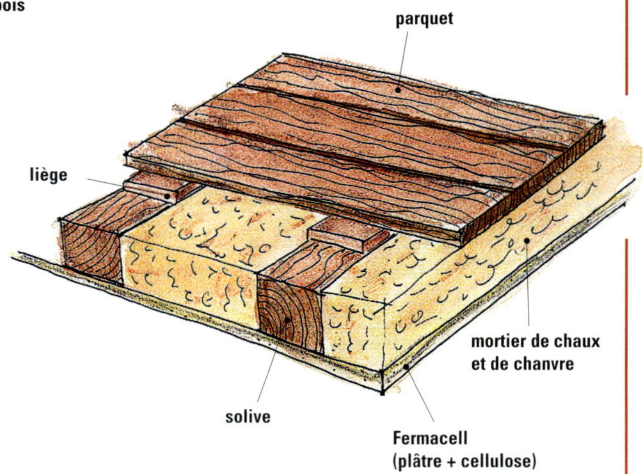

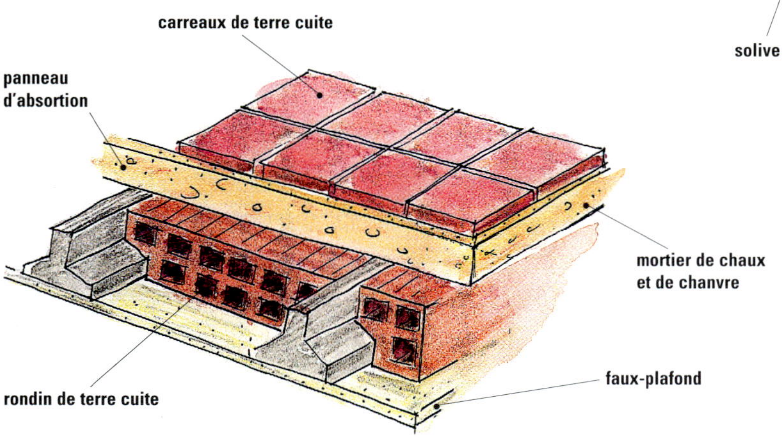

LES OUVERTURES

Bien avant que les doubles ou triples vitrages ne fassent leur apparition sur le marché de l'habitat, les bâtisseurs prenaient garde, dans les régions de montagne, à bien isoler les ouvertures en créant des doubles fenêtres et parfois même des doubles portes. Et pour cause : une simple paroi vitrée donne lieu à des échanges de chaleur très importants.
Entre un simple et un double vitrage, on divise presque par deux la déperdition d'énergie. En effet, le coefficient de transmission thermique est d'environ 5 W/m^2 pour un simple vitrage et de 3 W/m^2 pour un double.

Plus les surfaces vitrées sont importantes, plus la nécessité d'un double vitrage s'impose pour limiter au maximum les déperditions de chaleur.

Le double vitrage

L'efficacité du double vitrage est due à l'espace d'air de 6 à 12 mm d'épaisseur compris entre les deux vitres. On gagne seulement 10 % d'énergie en performance d'isolation entre un double vitrage de 6 mm et un de 12 mm.
Par contre, on peut améliorer l'isolation des doubles vitrages en remplaçant l'air par un gaz lourd tel que l'argon ou le krypton. Non toxiques et ininflammables, ces gaz ont une conductivité thermique bien plus faible que celle de l'air. Pour la même efficacité, on trouve aussi des doubles vitrages dont la vitre intérieure est recouverte d'une couche d'oxyde métallique presque transparente qui laisse passer les rayons du soleil et réfléchit le rayonnement infrarouge vers l'intérieur du bâtiment.
Grâce à ces doubles vitrages renforcés, on peut encore économiser jusqu'à 40 % d'énergie.

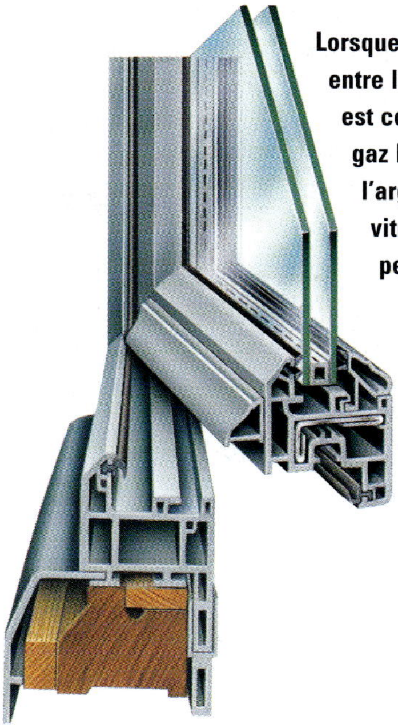

Lorsque l'espace situé entre les deux vitres est comblé par un gaz lourd comme l'argon, le double vitrage gagne en performance.

Un autre produit plus récent devrait bientôt être commercialisé. Il s'agit de double vitrage avec un aérogel de silice transparent pour remplacer la lame d'air. La conductivité thermique de la silice étant plus faible que celle de l'air, on obtient une meilleure isolation.

On oublie trop souvent l'efficacité remarquable d'un autre isolant très traditionnel : les volets. Lorsqu'il fait très froid l'hiver, des volets en bois étanches peuvent permettre de diviser par deux les déperditions d'énergie. L'été aussi, d'ailleurs, les volets entrouverts permettent de limiter la pénétration des rayons solaires et de garder une pièce au frais.

QUELS MATÉRIAUX CHOISIR ?

Il n'est plus question aujourd'hui de faire un choix entre sa santé et une bonne isolation : des produits sains et naturels offrent confort et efficacité.

Depuis l'affaire de l'amiante, un doute plane sur les isolants dans l'habitat : et si la laine de roche et la laine de verre étaient, elles aussi, cancérigènes ? Pour l'instant, rien ne permet de l'affirmer. De nombreuses études sont en cours pour mieux évaluer les risques, notamment dans le nouveau laboratoire du Centre scientifique et technique du bâtiment (CSTB), spécialisé dans les fibres. Mais d'ores et déjà les laines de verre et de roche sont classées dans le groupe 2B par l'IARC (International Agency for Research on Cancer), c'est-à-dire « peut être cancérigène chez l'homme ».
Cependant, les risques sont différents pour les deux isolants. La laine de roche est sans doute la plus dangereuse pour les poumons car ses fibres sont petites (de 3 à 8 microns), et peuvent pénétrer en grande quantité dans les voies respiratoires. Elles sont biopersistantes et peuvent donc se fixer longtemps dans les poumons. La laine de verre, elle, est surtout considérée comme agressive pour la peau et les muqueuses, puisque ses fibres sont plus grosses, de 6 à 15 microns.
Le danger concerne particulièrement les professionnels ou les personnes qui manipulent et mettent en œuvre ces isolants en grande quantité.
D'après l'INSERM (Institut national supérieur d'étude et de recherche médicale), un ouvrier sur deux présente une dermite irritative, au moins au début de son emploi ; ces hommes sont en contact direct avec les fibres, toute la journée. Par contre, pour les habitants d'une maison isolée en laine minérale, les risques sont plus limités car les concentrations de fibres dans l'air intérieur sont moindres, surtout si le produit est enfermé derrière une cloison.

La laine de mouton est un isolant 100 % naturel dont les performances techniques peuvent rivaliser avec les laines minérales classiques.

L'AVANTAGE DES ISOLANTS NATURELS

Des études scientifiques sont en cours pour déterminer les risques réels de ces isolants. Mais au-delà de l'aspect sanitaire, il faut aussi tenir compte de la notion de confort. Or, comme nous l'avons vu, les laines minérales n'ont pas le pouvoir de restituer l'humidité et créent donc une atmosphère confinée et insalubre. Ce qui n'est pas le cas des isolants « naturels ».
Depuis quelques années, le marché du bâtiment voit se multiplier de nouveaux isolants fabriqués à base de matériaux naturels, comme des fibres végétales (lin, chanvre), de la cellulose, de la laine ou du bois.

Tous ces isolants dits « naturels » font appel à des techniques de fabrication moins polluantes et moins énergivores. Ce qui est déjà un bon point.
Ensuite, sur le plan sanitaire, les études manquent. Or un matériau n'est pas obligatoirement sain parce qu'il est naturel. N'oublions pas que l'amiante est naturel...
Cela dit, contrairement aux laines minérales, les fibres végétales ont l'avantage de ne pas irriter la peau. Et pour l'instant, aucun risque majeur n'est décelé sur ces nouveaux isolants. Même si, comme le rappelle l'INSERM, « toute nouvelle fibre doit être soupçonnée, a priori, d'être pathogène en raison de sa structure ».

Enfin, côté efficacité, les isolants « naturels » n'ont pas à rougir. La plupart

FAIRE APPEL À UN SPÉCIALISTE

Tous les isolants que nous présentons ici ont l'avantage d'être respectueux de l'environnement et a priori sans risque pour la santé. Cependant, certains sont plus économiques, d'autres plus faciles à poser. Suivant l'usage que vous voudrez en faire, un architecte spécialisé en bioconstruction ou un technicien du bâtiment (voir *Carnet d'adresses*) pourra vous conseiller précisément.

d'entre eux présentent une bonne conductivité thermique (voir *tableau* p. 46-47) et sont faciles à poser. Bien sûr, faute de mise en œuvre importante, on manque encore de recul sur leur durée de vie. Mais ces matériaux peuvent répondre aux exigences thermiques, acoustiques et de résistance au feu. Et surtout, ils sont hydrophiles et « respirent ».
Contrairement aux laines minérales dont le poids augmente parce qu'elles se gorgent d'eau et qui finissent donc par s'affaisser et perdre de leur efficacité, surtout dans les parties hautes.

Tout cela explique pourquoi les isolants naturels sont de plus en plus utilisés par les professionnels du bâtiment et sont fabriqués en quantités industrielles. Malheureusement, il n'y a pas encore assez d'avis techniques. Il aura fallu attendre la fin de l'année 1998 pour voir émis le premier avis technique sur un isolant à base de cellulose en France. En attendant, voici nos conseils sur les différents isolants que vous trouverez sur le marché et que nous jugeons techniquement intéressants.

LE CHANVRE

C'est une plante que l'on cultive depuis des millénaires, notamment pour la qualité de ses fibres dont on fabriquait des cordes et des textiles. Encore présente dans toutes les petites exploitations familiales au siècle dernier en France (176 000 ha cultivés en 1860), le chanvre est tombé dans l'oubli avec l'apparition des fibres synthétiques. Mais voilà qu'aujourd'hui on redécouvre ses vertus. Ses fibres très résistantes sont utilisées dans la fabrication de plastiques ultra-fins servant à l'industrie automobile ou contenus dans les matériaux de construction.
Depuis déjà une dizaine d'années, le chanvre est reconnu pour ses vertus isolantes. En 1989, il fut même primé au salon professionnel Bâtimat (Isochanvre). C'est la partie cellulosique de la plante, la chènevotte, que l'on utilise. Extraite de la paille par un défibrage mécanique, la chènevotte est ensuite pétrifiée et ignifugée avec de la chaux.
Légère et riche en silice, la chènevotte est utilisée sous forme de granulés à poser en vrac dans les sols ou les plafonds. Comme le liège, on peut aussi l'incorporer dans un mortier à la chaux pour faire une chape flottante, ou un enduit isolant. Mais dans ce cas, l'isolant perd obligatoirement une bonne partie de ses performances puisqu'il est incorporé dans une masse solide et qu'il n'y a plus de vide d'air.

Le chanvre est l'un des rares isolants à pouvoir s'appliquer de multiples façons : en rouleau (laine), en vrac (copeaux), ou comme ici, dans un enduit (copeaux).

Il existe même de la laine de chanvre en rouleaux ou en panneaux semi- rigides, faciles à poser, notamment pour isoler les combles. Dernière invention en date : des briques à base de chanvre que l'on peut assembler comme de simples parpaings. Certaines maisons sont d'ailleurs construites entièrement en chanvre à partir d'une ossature en bois. Et sur le plan technique, cela semble très satisfaisant. Une étude menée en février 1998 par le Centre d'étude technique de l'Équipement sur de nombreuses réalisations en France, stipulait que ce type de construction permet « le respect de la réglementation thermique actuelle et ne s'oppose pas à l'obtention des labels Haute Performance Énergétique ».

■ *Sur le plan écologique*, le chanvre est aussi un isolant plein d'avenir, car la plante offre des avantages étonnants lorsqu'on la cultive. Aucun insecte ou parasite ne l'apprécie et elle pousse si vite qu'elle étouffe toutes les mauvaises herbes. De ce fait, pas besoin de pesticide sur les cultures. Très robuste, elle n'est pas gourmande en engrais et ne nécessite aucune intervention entre le semis et la récolte. Enfin, elle a le grand mérite d'améliorer la qualité des sols. Un paysan qui a épuisé la terre par des cultures intensives pourra cultiver du chanvre pour la régénérer. Bref, il s'agit d'une plante aux propriétés étonnantes, dont la culture est de surcroît subventionnée par la Communauté européenne. Ce qui explique son succès auprès des agriculteurs : 35 000 ha plantés en Europe en 1998 contre seulement 13 700 en 1996. En France, pays leader, plus de 900 producteurs cultivent 11 000 ha.

LE LIN : FACILE À MANIPULER

Pour les professionnels comme pour les bons bricoleurs, la laine de lin est facile à manipuler. Contrairement aux laines minérales, elle n'est pas irritante et il suffit d'une paire de ciseaux et d'une agrafeuse (équipée d'agrafes galvanisées de préférence) pour la poser.
Pour plus de facilité, faites en sorte que la largeur des rouleaux soit bien supérieure de 2 ou 3 cm à l'espace entre les chevrons.

Le lin

Cette jolie petite plante aux fleurs bleues embellit nos campagnes au moment de sa floraison. Originaire d'Orient, on la cultive beaucoup en France, depuis l'antiquité, notamment pour récupérer ses fibres et les utiliser à des fins vestimentaires.
Le département de Seine-Maritime reste encore aujourd'hui la région la plus productrice d'Europe.
Le lin a l'avantage d'être une plante rustique aussi peu gourmande en engrais qu'en pesticides. Comme le chanvre, ses modes de culture sont assez propres.

Ici, le lin présenté en vrac. On le trouve aussi sous forme de rouleaux, de plaques semi-rigides ou de feutre.

Autrefois, on utilisait déjà les fibres de lin (les anas de lin) comme isolant dans l'habitat en les intégrant dans des torchis directement sur les murs. On a même retrouvé des traces de fibres dans des vestiges d'habitats romains. Aujourd'hui, l'isolation en lin se présente en vrac, mais aussi sous forme de laine en rouleaux, de plaques semi-rigides ou de feutre. Ce sont les fibres courtes, celles non utilisées dans l'industrie du textile, qui sont récupérées. Elles sont d'abord traitées au sel minéral, puis cardées de manière à former des couches superposées et enfin thermoliées avec 15 % de fibres plastiques pour former la ouate épaisse. Un dernier traitement contre le feu est réalisé avec un matériau naturel, le sel de bore, qui confère une résistance B2 selon les normes allemandes, entre M2 et M3 en France, c'est-à-dire « difficilement et moyennement inflammable ».

Fabriquée à base de papier recyclé, la cellulose est le premier isolant naturel à bénéficier d'un avis technique du CSTB.

■ *Côté performance*, selon le fabricant français Textinap qui prévoit la fabrication de plus d'un million de m² en l'an 2000, les études réalisées en Allemagne pour obtenir l'agrément de commercialisation indiquent que le lin a un bon coefficient de conductivité thermique (0,040 W/m. °C ; voir *tableau* p. 46-47). Comme les autres isolants végétaux, il a cette capacité d'absorber l'humidité en fonction de la température et de l'hygrométrie ambiantes. Il n'y a donc pas de condensation mais une véritable respiration naturelle des murs qui confère une atmosphère saine à la pièce. Sur le plan écologique, la laine de lin présente le grand avantage de pouvoir se recycler et même se composter.

La cellulose

La fibre de cellulose est sans doute l'isolant naturel le plus utilisé aujourd'hui. Dès les années 1970, on commence à s'en servir aux États-Unis pour remplacer les laines minérales. Mais c'est surtout dans les pays du Nord de l'Europe que la cellulose remporte un franc succès dès le début des années 1980. On compte aujourd'hui plus d'un million et demi d'habitations isolées en cellulose en Allemagne et en Angleterre. L'une des raisons de ce succès provient de la matière première bon marché. En fait, la laine de cellulose n'est rien d'autre que de la pâte à papier provenant de journaux recyclés et mélangée à des adjuvants. Parmi tous les isolants écologiques présents sur le marché, il s'agit sans doute du meilleur rapport qualité-prix. C'est aussi le premier isolant naturel à avoir reçu un avis technique français du CSTB en décembre 1998, pour la marque Domexcel.

Question santé, les fabricants de l'isolant Domexcel fournissent à leurs clients une liste complète des composants du produit pour rassurer sur l'absence de produits toxiques et irritants. Bien sûr, comme tous les matériaux nouveaux, on ne peut garantir un risque nul. Mais une chose est sûre : toutes les garanties possibles ont été prises pour écarter au maximum les dangers. Et pour jouer toutes les cartes de la précaution, on pourra toujours utiliser un masque au moment de la pose.

DES PERFORMANCES TECHNIQUES INTÉRESSANTES

Un rapport réalisé par l'école d'architecture de l'université du Colorado sur la comparaison de deux bâtiments identiques, l'un isolé à base de cellulose et l'autre en laine de verre, donne la preuve des performances techniques de la cellulose. Elle permet d'économiser 26,4 % d'énergie par rapport à la laine de verre pour maintenir une température à 18,3 °C. Une maison isolée en fibre de cellulose est plus chaude de 4 °C après une période de 9 heures sans chauffage. Enfin, l'étanchéité à l'air est de 38 % supérieure à la laine de verre.
À noter aussi, sur le plan économique, que la fabrication de laine de cellulose est peu énergivore. Elle consomme 8 fois moins d'énergie que la laine de roche, 15 fois moins que la laine de verre et 30 fois moins que le polyuréthanne !

FACILE À POSER PARTOUT

Vu ses performances, une seule épaisseur de laine de mouton suffit pour obtenir de très bons résultats. En plus, elle se pose très facilement. Contrairement aux autres isolants en rouleaux, elle se découpe à la main, comme un tissu. On peut même la poser sur les murs sans aucune difficulté. Il suffit de l'agrafer pour éviter son tassement. Du feutre moins épais et plus dense est également disponible pour isoler les portes et fenêtres en colmatant les chambranles. On s'en sert aussi comme le liège pour poser sous un parquet et isoler des bruits d'impacts. Enfin, on la trouve en vrac pour remplir les vides de plancher. Mais comme tous les matériaux disponibles en vrac, il faut se méfier de bien répartir les fibres pour garantir une isolation uniforme et éviter tout tassement.

La laine de mouton

Difficile de trouver un matériau isolant plus naturel que la laine, 100 % recyclable et renouvelable. Il suffit de tondre des moutons. Des moutons d'ailleurs bien placés pour savoir que la laine constitue un bon isolant thermique pour se protéger du froid et du chaud. Ne retrouve-t-on pas ces animaux sous tous les climats, en haute montagne dans le vent glacial, comme dans le désert sous un soleil de plomb ?
Difficile aussi de trouver un isolant qui absorbe autant l'humidité : la laine peut boire un tiers de son poids en eau et la restituer en séchant. C'est un avantage pour mettre en œuvre une isolation respirante. Mais il faut bien veiller à l'usage d'un pare-vapeur et d'un pare-pluie cellulosique pour éviter les infiltrations de pluie.
Autres atouts : elle n'est pas électrostatique et n'attire pas la poussière. Élastique et résistante, la laine ne plaît guère aux rongeurs qui peuvent difficilement y creuser des galeries.
Par contre, sa résistance au feu n'est pas des meilleures. Classée M2, c'est-à-dire « difficilement inflammable », elle peut brûler à très haute température (plus de 500 °C).

■ *Côté fabrication*, les isolants en laine n'ont pas recours à des liants à base de produits chimiques. On utilise les fibres grossières, inexploitables dans le textile, que l'on traite ensuite contre les mites après les avoir bien lavées.
Mais la laine de mouton n'est pas seulement écologique. Elle possède aussi d'excellentes performances thermiques avec un coefficient de conductivité très bas. C'est sans aucun doute le nec plus ultra des isolants naturels. Seul inconvénient : son prix élevé.

Le liège expansé

Tous les 9 à 10 ans, on récolte le liège à partir de l'écorce des chênes lièges qui peuvent produire cette fabuleuse matière pendant environ 150 ans. L'écorce subéreuse pousse au rythme de 1 mm/an et peut atteindre jusqu'à 6 cm d'épaisseur. Généralement, les chênes ne sont pas exploités avant l'âge de 30 ans. Et si le démasclage (retrait du liège) est bien fait, l'arbre ne souffre pas. Une fois démasclé, le liège repose environ 3 mois pour se débarrasser de sa sève et de son humidité. Puis il est broyé et passé à l'eau bouillante ou à la vapeur pour s'expanser.
Normalement, cette chaleur libère une résine (la subérine) qui suffit à agglomérer

BON ISOLANT PHONIQUE

Avec 5 cm d'épaisseur de liège, la réduction du bruit peut aller de 25 à 45 décibels selon la fréquence des sons (graves ou aigus).
Pour les bruits d'impacts, on peut diminuer de 30 décibels. Il absorbe aussi les ondes sonores à de très hautes fréquences, et sa grande élasticité atténue considérablement les vibrations.
Pour la même raison, il ne se tasse quasiment pas et résiste à de très fortes pressions, de l'ordre de 10 à 26 tonnes par m².

les granulés entre eux. Mais certains lièges, surtout les fins, sont collés avec des colles ou des résines synthétiques.
On connaît surtout le liège pour les bouchons, mais c'est aussi le plus ancien matériau utilisé pour isoler les chambres froides ou les entrepôts frigorifiques, car c'est un excellent isolant : 90 % de son volume contient des micro-cellules d'air, 25 à 40 millions de cellules par cm³ ! Léger, élastique, imperméable, imputrescible, le liège à surtout l'énorme avantage de prendre très peu de place. 2 cm suffisent pour obtenir le même pouvoir isolant que 7 cm de sapin sec, 11 cm de béton cellulaire, ou 80 cm de pierre de taille. Si l'on isole par exemple un mur en brique creuse de 22 cm d'épaisseur avec 4 cm de liège, on peut économiser jusqu'à 65 % d'énergie par grand froid. Et sur un toit en tuile ou un sol en béton, on économise plus de 80 % d'énergie !
Dernier avantage, le liège résiste bien au temps. Les rongeurs et les termites ne l'apprécient guère. Il ne se désagrège pas et ne moisit pas non plus. Classé M1, c'est un matériau « difficilement inflammable ».

Côté pratique, il se pose facilement. On peut l'utiliser en granulés que l'on verse en vrac pour remplir des parois, des sols ou des plafonds, ou pour faire un mortier isolant en le mélangeant à de la chaux. Il se présente aussi en plaques, panneaux ou bandes de différentes épaisseurs que l'on utilise comme revêtement de sol ou de mur.

La pierre volcanique et l'argile

Dans les régions volcaniques comme le centre de la France, on utilise depuis des siècles des pierres massives comme le granit pour construire des murs épais et s'isoler du froid. Aujourd'hui, certaines pierres volcaniques légères, comme la pierre ponce (bisotherm), sont également utilisées sous forme de brique pour bâtir des Monomurs auto-isolants.
Hormis ces pierres servant à la construction, il existe aussi des produits d'isolation en vrac fabriqués à base de roche volcanique. Chauffées à plusieurs centaines de degrés, ces roches se fragmentent et prennent la forme de granulés expansés que l'on pourrait confondre avec du polystyrène. Mais à l'inverse du polystyrène, il s'agit d'un matériau entièrement naturel qui ne fait pas appel à des composés ou des adjuvants pétrochimiques. Très utilisé en Allemagne, on trouve ce matériau commercialisé sous le nom de Perlite en France. On l'utilise pour les combles, mais aussi pour les sols et les planchers, car il remplit toutes les cavités et forme une couche d'isolation très compacte et homogène jusqu'à l'arête supérieure des solives. En plus, il se pose très facilement sans entraîner des effets indésirables sur

UTILISER LA TERRE

Au même titre que la pierre volcanique, la terre est un matériau isolant utilisé depuis des millénaires pour bâtir des maisons (voir *Construction en terre* p. 101). On trouve donc aujourd'hui des billes d'argile expansée (Laterlite) que l'on peut utiliser comme matériau en vrac pour isoler des planchers, par exemple. Ces billes d'argile peuvent aussi servir à fabriquer des bétons légers. Des agglomérés sont aussi disponibles pour monter des murs (TBT).

la peau. Ces granulats de roches ne sont, en effet, pas nocifs pour la santé (aucune radioactivité, ni émanation toxique).
Ils ont également l'avantage de bien résister au vieillissement, à la pourriture et de ne pas être consommés par les rongeurs ou les insectes.

■ *Côté performance thermique*, le fabricant considère qu'il faut 10 % de matériau supplémentaire à de la laine minérale classique pour obtenir le même coefficient d'isolation. Le coefficient de conductivité thermique est donné pour 0,060 W/m. °C. Quant à l'isolation acoustique, les granulats de roche volcanique expansée sont surtout très performants pour gommer les bruits solidiens (bruit des pas sur le plancher par exemple).

Les panneaux de bois

Les panneaux en fibres de bois sont largement utilisés dans le monde du bâtiment. La matière première provient le plus souvent de déchets des scieries ou de copeaux de bois récupérés après des travaux d'élagage ou de débroussaillage. Une bonne chose donc, car c'est une forme de recyclage. Ces particules de bois plus ou moins grosses sont ensuite déchiquetées puis broyées avant d'être agglomérées grâce à un liant hydraulique.
Mais attention, certains panneaux utilisent des colles peu respectueuses de l'environnement. Ce sont les classiques « fibraglos », les panneaux les plus répandus sur le marché.
En revanche, il existe des panneaux plus écologiques, notamment fabriqués en Allemagne et en Suisse et importés en France. Ces derniers sont collés uniquement sous l'effet de l'eau et de la chaleur. En Allemagne, par exemple, l'entreprise Gutex est très scrupuleuse tant sur la qualité de fabrication de ses panneaux que sur leur impact environnemental. L'eau est recyclée, la matière première est choisie dans des scieries qui ne traitent pas le bois, les économies d'énergies sont de rigueur... Et au bout du compte les panneaux sont exempts de tout produit chimique. Chez Gutex, les panneaux bitumés ont été abandonnés, et le bitume a été remplacé par une solution aqueuse biologique qui rend aussi le matériau hydrofuge.

Il existe des panneaux avec des fibres plus ou moins tassées dont certaines sont même mélangées avec du plâtre. On en trouve de toutes les épaisseurs, plus ou moins tendres ou durs suivant l'utilisation que l'on veut en faire. Un panneau très fin et tendre peut être posé sous un plancher pour isoler des bruits d'impacts. Un autre plus épais et très dur peut servir pour des coffrages. On peut aussi utiliser des panneaux hydrofugés comme pare-pluie ou coupe-vent : idéals pour mettre sous une toiture froide, car vraiment imperméables.
Les panneaux en fibre de bois s'utilisent aussi bien pour monter des cloisons, isoler un plancher, un plafond, ou encore en finition sur des murs.

Leurs avantages ? D'abord, le bois est un matériau durable, une ressource renouvelable, et l'on peut facilement recycler les panneaux sans rejeter des produits nocifs dans l'environnement. Ensuite, ces panneaux sont de bons isolants avec une faible conductivité thermique. Bien sûr, la masse volumique et donc la conductivité thermique diminuent quand les panneaux épaississent. En clair, il ne faut pas s'attendre à une isolation extraordinaire si le panneau est très fin.
Par contre, ils complètent très bien les autres isolants naturels (cellulose, laine, chanvre...), notamment parce qu'ils les protègent du feu. Et en plus, il s'agit d'un excellent isolant phonique aux bruits d'impacts comme aux bruits aériens. Ils sont particulièrement recommandés pour poser en sous-face des planchers, en doublage de murs ou en faux plafonds.
Enfin, les panneaux se travaillent très facilement avec un outillage classique : on peut les scier, les raboter, les percer, les clouer ou les visser. Comme le Placoplâtre, ils se posent sans problème. Avec l'avantage supplémentaire d'être plus légers.

Il existe une très grande variété de panneaux de bois aggloméré que l'on peut clouer, coller, emboîter... aussi bien sur une ossature en bois que sur des murs en brique.

LA POSE DE CLOISONS DE PANNEAUX DE BOIS

Vos panneaux doivent être stockés dans un endroit sec et à plat pour ne pas abîmer les chants.

Sur une ossature en bois

Les poteaux qui forment la cloison en bois (n'oubliez pas de les choisir en classe 3 pour éviter le traitement) doivent avoir au minimum une section de 6 x 4 cm.

– Si vous posez les panneaux perpendiculaires aux poteaux, l'entraxe entre les poteaux ne doit pas être supérieur à 60 cm. Les panneaux doivent être décalés pour croiser les joints.

– Si vous posez les panneaux parallèlement aux poteaux, l'entraxe ne doit pas dépasser 50 cm.

– Fixez les panneaux avec des vis. Les trous et les joints peuvent être rebouchés avec un enduit de rebouchage. Entre eux, les panneaux doivent être assemblés avec une colle à bois.

Sur un mur

– Le mur doit être propre et légèrement humidifié comme la face du panneau à appliquer.

– Préparez un ciment-colle et déposez-le avec une truelle tous les 40 cm environ.

– Plaquez le panneau au mur et tapez-le uniformément sur toute la surface avec une règle de plâtrier. Calez le panneau, le temps que la colle prenne.

– N'oubliez pas de coller les chants de chaque panneau avec de la colle à bois.

CONDUCTIVITÉ THERMIQUE UTILE DE QUELQUES

(source : Maisons Paysannes de France n° 129. 3T 1998)

Matériaux naturels usuels (e = 0,20 m)	conductivité (l)	résistance (R)
1 – la pierre		
• granit	3.5	0.05
• calcaires		
– marbre	2.9	
– calcaires durs	2.4	
– calcaires fermes et demi-fermes	1.4	
– calcaires tendres	1.0	
– tuffeau	0.85	
2 – le bois	0.12 à 0.23	1.66 à 0.87
3 – les métaux		
• cuivre	380	0.0005
• aluminium	203	0.0008
• zinc	160	0.0012
• fonte	56	0.0035
• acier	45	0.0038

Matériaux manufacturés usuels	conductivité (l)	résistance (R)
• terre cuite (briques pleines)	1. à 1.35	0.2 à 0.15
– terre cuite (briques auto-isolantes)	0.46	0.43
• terre crue (adobe)	1.05	0.19
– terre crue (torchis)	0.65	0.30
• paille pressée (ballot)		
– technique "Nébraska"	0.067	2.98
• plâtre sans granulat		
(gâché serréou projeté)	0.60	0.4
– plâtre courant (fin gros ou en plaque)	0.35	0.57
• béton de granulat lourd siliceux		
– béton plein	1.75	0.11
– béton caverneux	1.4	0.14
– béton cellulairetraité à l'autoclave	0.13	1.53
• mortier d'enduits et joints	1.15	0 17
• verre	1.15	0.17

* La conductivité thermique **l** des matériaux exprime la quantité de chaleur en Watt (W) qui traverse un mètre d'épaisseur de ce matériau par seconde et par m² de surface lorsque la différence de température entre les deux faces du matériau est de 1 °C. Elle s'exprime en W/m. °C.

* La résistance thermique **R** est la résistance opposée au passage de la chaleur par une paroi, inverse du coefficient de conductivité. La résistance thermique d'une paroi composite est la somme des résistances thermiques de chaque élément. R = 1/K = e/l (m² °C/W).

* Le coefficient global de transmission thermique **K** est la quantité de chaleur passant à travers 1 m² d'une paroi homogène ou composite d'épaisseur e (m) pour une différence de température de 1 °C entre les deux faces : K = l/e (W/m² °C).

MATÉRIAUX USUELS ET SPÉCIFIQUES À L'ISOLATION

Matériaux naturels spécifiques	conductivité (l)	résistance (R)
• liège expansé pur	0.043	4.65
– liège expansé pur comprimé	0.10	2.00
• paille comprimée	0.10	2.00
• fibres de bois (panneau)	0.06 à 0.067	3.33 à 2.98
• coton (vrac)	0.040	5.00
• laine de mouton (matelas)	0.040	5.00
• chanvre (vrac) soufflé	0.052	3.85
– chanvre (vrac) injecté	0.044	4.55
– chanvre (vrac) non-traité	0.048	4.16
– chanvre (vrac) traité	0.064 à 0.072	3.12 à 2.77
– laine de chanvre (matelas)	0.039	5.13
– laine de chanvre (panneau semi-rigide)	0.040	5.00
• lin (vrac) soufflé	0.052	3.85
– lin (vrac) injecté	0.044	4.55
– lin (ouate)	0.038	5.26
– lin (feutre)	0.047	4.25
• cellulose et plâtre (parement)	0.36	0.56
• cellulose et jute (en panneau ou en vrac)	0.040	5.00
Produits spécifiques de l'isolation	**conductivité (l)**	**résistance (R)**
Matières plastiques alvéolaires		
plaques de polystyrène expansé moulées en bloc, en continu ou en plaques	0.046 à 0.031	4.35 à 6.45
mousse de polystyrène expansé extrudé		
– mousse de polyuréthane	0.030	6.66
– mousses phénoliques	0.050	4.00
Laines minérales		
• de roches (feutres, matelas, panneaux)	0.047 à 0.034	4.25 à 5.88
• de verre (feutres, matelas, panneaux)	0.056 à 0.034	4.25 à 5.88
Verre cellulaire (plaque homogène)	0.05	4.00
Vermiculite (vrac)	0.056	3.00
Roche volcanique expansée	0.060	3.33
Isolant mince multicouche par réflectivité		5.4

CHAPITRE 3

LE CHAUFFAGE

Sous nos latitudes, une maison confortable nécessite un bon système de chauffage. Mais comment choisir un modèle économique et performant? De plus en plus utilisés, le chauffage solaire, les chaudières à bois et le système géothermique qui puise les calories dans le sol, ont l'avantage de faire appel à des énergies renouvelables, peu polluantes et économiques à long terme. Longtemps considérées comme peu fiables, ces technologies modernes sont aujourd'hui faciles d'accès et performantes.

CHAUFFAGE : QUE CHOISIR ?

Si l'on remonte à peine un demi-siècle en arrière, les maisons n'étaient pas isolées et très peu chauffées. Avec le développement économique est apparu un besoin de confort plus important. D'où l'invention de nouveaux systèmes de chauffage, plus performants et moins gourmands en énergie.

UNE MAISON BIEN CONÇUE A-T-ELLE BESOIN DE CHAUFFAGE ?

Autrefois, la plupart des habitats vernaculaires étaient construits en fonction de l'environnement paysager (relief, écran d'arbres, haies...) et du climat (vent, orientation du soleil...). Les maisons anciennes ont des murs épais, surtout dans les régions froides : cela permet de stocker la chaleur dans les murs et de la restituer ensuite dans la pièce à vivre. C'est ce qu'on appelle l'inertie thermique. Elle permet de garder une maison chaude l'hiver et fraîche l'été.
Dans la même logique, il n'est pas rare de voir des maisons très ouvertes sur leur façade sud (au soleil de midi) pour laisser entrer la lumière et la chaleur du soleil par les portes et fenêtres, alors qu'elles sont plus fermées au nord pour se protéger des intempéries.

CONCEPTION BIOCLIMATIQUE

Un architecte doit prendre en compte plusieurs critères :
– l'orientation de la maison par rapport au soleil ;
– la place et la taille des ouvertures (par exemple, ne pas créer de trop grandes fenêtres à l'ouest pour éviter une surchauffe avec le soleil) ;
– la thermocirculation de l'air (la circulation de l'air chaud dû au rayonnement dans les différentes pièces de la maison) ;
– la création d'espaces tampons pour couper du froid et des intempéries (garage, grenier...) ;
– la conception d'une structure avec une forte inertie thermique (murs auto-isolants).
Si ces critères de construction sont bien appliqués, la facture énergétique liée au chauffage peut diminuer de moitié (voire plus), grâce à l'apport du soleil par les ouvertures (véranda, fenêtres...) et à la bonne isolation.

EXPLOITATION DU SOLAIRE PASSIF

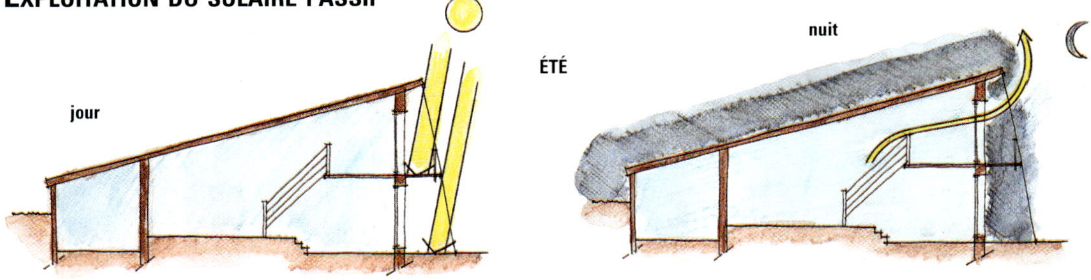

Ouverte au sud, la maison profite de la chaleur du soleil. En hiver, le jour, le soleil est bas et les rayons pénètrent au cœur des pièces ; la nuit, les murs restituent la chaleur de la journée grâce à l'inertie thermique. L'été, une bonne ventilation et une protection des baies vitrées évite une ambiance surchauffée.

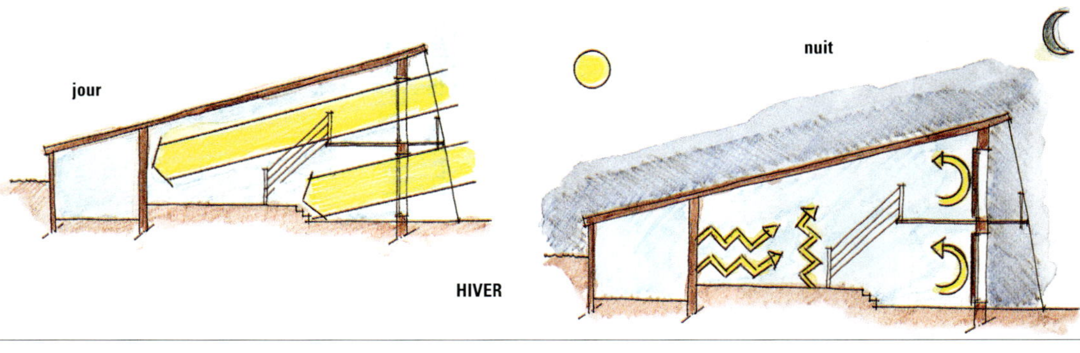

Une pièce avec de grandes ouvertures est très agréable à vivre grâce à la chaleur naturelle du soleil.

Cette démarche, a priori de simple bon sens, est pourtant souvent oubliée par les professionnels du bâtiment. N'a-t-on pas vu les plus célèbres architectes multiplier les constructions d'immeubles en verre et en métal depuis les années 1980 ? Ces bâtiments, certes esthétiques, sont obligatoirement équipés de systèmes de climatisation et de chauffage très coûteux et énergivores car les pièces d'habitations sont beaucoup trop chaudes l'été (effet de serre) et froides l'hiver (parois froides).

COMMENT CRÉER UNE AMBIANCE CONFORTABLE ?

Toutes les formes de chaleurs ne sont pas nécessairement confortables. Le chauffage peut même être, dans certains cas, très désagréable. Pourquoi ? Existe-t-il des appareils plus fiables ? Plus sains ?

Avant de rentrer dans les détails, il faut d'abord définir rapidement la notion de confort thermique. Il faut savoir que les besoins de chaleur varient d'un individu à un autre, suivant l'âge, la tension artérielle, la fatigue ou simplement le fait d'avoir faim.

D'autre part, le confort dépend des échanges thermiques entre notre corps et l'environnement. La peau sert de transmetteur. S'il fait trop chaud, la peau rougit car le corps transmet plus de sang. À l'inverse, s'il fait froid, on devient aussitôt pâle car la tension artérielle diminue et le sang quitte la peau.
Notre corps est sensible à des paramètres extérieurs, qui agissent sur notre confort en modifiant l'ambiance thermique d'une pièce.
Et nous ressentons ces changements de plusieurs manières : par convection, par conduction ou par rayonnement.
Plus de la moitié des pertes de chaleur de notre corps se fait par convection et évaporation (la respiration ou la surface de la peau). Plus d'un tiers par rayonnement à la surface de la peau et moins de 1 % par simple contact (conduction).
En résumé, notre confort dans une pièce dépend de l'équilibre entre le rayonnement de notre corps et son environnement. Donnons un exemple : si vous passez en week-end dans une maison de campagne inoccupée, les murs sont froids. Vous aurez donc une sensation de confort très précaire car la chaleur de votre corps sera absorbée par les parois.
Donc, pour vous sentir à l'aise dans une pièce, il ne faut pas que la différence de température entre les murs et l'air ambiant soit trop importante (plus ou moins trois degrés).

SENSIBILITÉ DE LA PEAU AUX PARAMÈTRES EXTÉRIEURS

- L'habillement : un vêtement joue le rôle de résistance thermique.
- La température des murs : si les parois sont froides, elles captent la chaleur du corps et créent une atmosphère froide dans la pièce.
- La température de l'air : elle ne doit jamais être beaucoup plus froide ou chaude que la température des parois.
- L'humidité de l'air : il est important d'avoir une certaine quantité d'eau dans l'air. Lorsque l'air est trop sec, on emploie des humidificateurs. Mais un bon chauffage doit permettre une humidité de l'air stable.
- La vitesse de l'air : lorsque les courants d'air ont une vitesse supérieure à deux mètres par seconde, cela peut perturber le confort.

QUEL TYPE DE CHAUFFAGE CHOISIR ?

Compte tenu des indications préalables, il paraît évident que si nous voulons choisir un chauffage performant, garantissant une ambiance confortable et saine, nous laisserons de côté les systèmes par convection. En effet, la chaleur créée par convection réchauffe et assèche l'air. Elle n'évacue pas l'humidité et le froid présents dans les parois.

CHAUFFAGE PAR CONVECTION

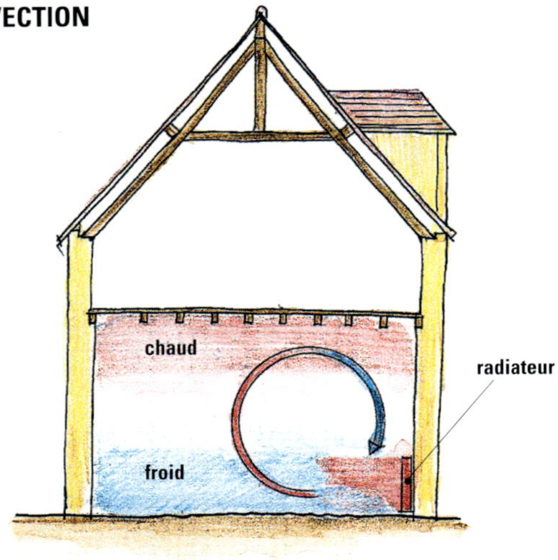

Le chauffage par convection (la plupart des radiateurs électriques) assèche l'air et crée un phénomène de chaud-froid désagréable. À l'inverse, le chauffage par rayonnement chauffe les murs, diffuse la chaleur de manière uniforme et crée une ambiance confortable.

CHAUFFAGE PAR RAYONNEMENT

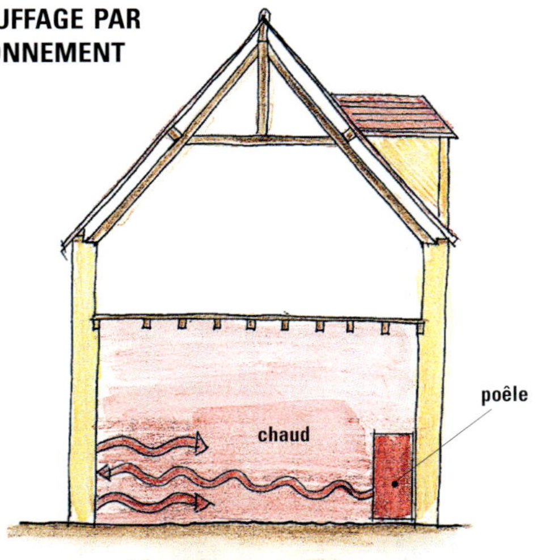

C'est la raison pour laquelle les convecteurs électriques, par exemple, ne procurent pas vraiment une sensation de confort : la chaleur varie d'un endroit à l'autre de la pièce et l'écart de température entre le sol et le plafond peut atteindre quelques degrés. S'en suit une sensation de chaud/froid souvent très désagréable.
Nous conseillons donc davantage un système par rayonnement. Avec ce type de chauffage ce n'est pas l'air qui est chauffé, mais toute la pièce. La chaleur rayonne vers les parois, les objets, les meubles et les personnes. Comme avec le soleil, on se sent enveloppé par la chaleur qui est douce.

Pour bien choisir son système de chauffage, il faut prendre en compte quatre critères.

L'ASPECT FINANCIER

C'est souvent l'investissement de départ qui oriente la décision de l'acquéreur. Mais il faut aussi regarder le coût de l'énergie qui alimente le système. Ainsi, un chauffage solaire représente un investissement de départ important, mais une fois amortie, l'énergie du soleil est gratuite. À l'inverse, une chaudière classique au fioul a un coût raisonnable au départ, mais le carburant qui sert à l'alimenter risque de devenir de plus en plus cher dans les années à venir (taxe de pollution et épuisement des ressources). Rappelons que le seul système de chauffage entièrement gratuit reste le solaire passif, c'est-à-dire l'apport énergétique des rayons du soleil qui pénètrent dans l'habitat par les ouvertures.

Encore peu développé en France, le chauffage solaire est pourtant performant, respectueux de l'environnement et économique à moyen terme.

Le meilleur mode de chauffage est sans conteste le système à basse température par le sol, qui diffuse la chaleur de manière uniforme. Il a l'avantage d'être invisible, mais il doit être mis en place avant la pose du plancher.

À noter également que les systèmes de chauffage fonctionnant avec des énergies renouvelables peuvent bénéficier de subventions (aides de l'ADEME, TVA de 5,5 %…).

Le rendement énergétique

Certains systèmes de chauffage sont plus performants que d'autres : tout dépend de la chaudière utilisée. Les fabricants qui ont su bien adapter les brûleurs aux chambres de combustion obtiennent de bons rendements. Pour le chauffage au bois, par exemple, il existe des poêles qui peuvent avoir un rendement de 80 % en brûlant les imbrûlés alors qu'un poêle en fonte classique ne dépassera jamais les 30 %.

L'impact écologique

Les systèmes de chauffage qui fonctionnent avec des énergies renouvelables (bois, solaire, géothermique) sont les plus propres. À l'inverse, les chauffages alimentés avec des énergies fossiles (gaz, pétrole, charbon) polluent. En recrachant des gaz à effet de serre dans l'atmosphère, ils contribuent au réchauffement de la planète. Sans oublier que les gisements s'épuisent : on évalue les réserves de pétrole à environ un demi-siècle et celles de gaz à 70 ans.
En investissant dans votre système de chauffage tenez aussi compte de sa fiabilité et de sa durabilité. Mieux vaut investir 20 % de plus pour réduire les coûts de maintenance et garder le système deux fois plus longtemps.

LES CHAUFFAGES PAR RAYONNEMENT EXISTENT SOUS PLUSIEURS FORMES

• *Le chauffage à basse température, encastré dans le sol :* il s'agit généralement d'un réseau de câbles ou de tuyaux noyés sous la dalle, qui diffuse la chaleur par le sol de façon homogène. Avantage : il n'y a plus de radiateur apparent et la chaleur est identique dans toutes les pièces. Par contre, il faut refaire les sols et c'est incompatible avec des planchers en bois. Ce système est aujourd'hui très performant et sans risque pour la santé. Ce n'était pas le cas de la première génération de chauffage par le sol qui posait des problèmes : jambes lourdes, rhumatismes…
Ces systèmes de chauffage par le sol peuvent être alimentés par une énergie renouvelable et écologique comme le solaire ou le géothermique (voir p. 59-63).

• *Le radiateur rayonnant :* des radiateurs équipés de plaque de métal, de briques réfractaires ou de lampes incandescentes chauffent par rayonnement et par accumulation (voir *L'électricité,* p. 54).

• *Le poêle :* il existe des poêles, des cuisinières ou des chaudières à bois qui possèdent une forte inertie thermique et peuvent chauffer de très grands espaces par rayonnement avec peu d'énergie (voir *Le bois,* p. 56).

La facilité d'usage

Tous les systèmes de chauffage demandent un entretien régulier. Mais il faut aussi tenir compte de l'aspect fonctionnel. Par exemple, pour posséder une chaudière à bois, il faut pouvoir stocker un volume de bois important dans sa maison.

LES SYSTÈMES DE CHAUFFAGE À LA LOUPE

Solaire, à bois, au gaz, géothermique… Comment bien choisir son système de chauffage.

LE CHARBON ET LE FIOUL

Le but de cet ouvrage est d'apporter des éléments concrets pour choisir des techniques de construction plus respectueuses de l'environnement.
C'est pourquoi nous ne nous attarderons pas sur les chauffages au fioul et au charbon, encore très polluants. Même si ces systèmes n'ont cessé de s'améliorer, il s'agit d'énergies fossiles, non renouvelables, et recrachant des quantités importantes de gaz à effet de serre.
À notre avis, le chauffage à charbon individuel est en voie de disparition. Il génère des cendres très polluantes et ne permet pas une alimentation automatique facile d'usage pour les particuliers. Il s'agit de la plus mauvaise source d'énergie pour le chauffage individuel.
Quant au fioul, s'il reste compétitif sur le plan financier à court terme, il devient beaucoup moins intéressant à moyen terme comparé au chauffage solaire ou au bois.

Très agréable, le chauffage au bois a pourtant un inconvénient majeur : il nécessite une bonne organisation et une place importante pour le stockage du combustible.

Aujourd'hui perfomants, les systèmes de chauffage par le sol ne présentent aucun risque pour la santé (jambes lourdes, varices…).

L'ÉLECTRICITÉ

Oui ou non, l'énergie électrique est-elle écologique ? En France, l'énergie électrique est produite aux trois quarts par des centrales nucléaires. Ce qui revient à poser la question autrement : Oui ou non le nucléaire est-il écologique ? Si l'on se limite aux émissions de gaz à effet de serre, la réponse est oui. Mais si l'on intègre

les risques liés aux déchets, aux rejets des effluents liquides et gazeux, et aux futurs démantèlements des centrales, la réponse est loin d'être affirmative. À l'heure actuelle, personne n'est en mesure de dire exactement ce que vont devenir tous les déchets du nucléaire. D'où ce constat imparable : sans aller jusqu'à l'abandon définitif de la filière atomique, il paraît aujourd'hui évident que la France n'a pas su accorder assez d'importance aux énergies renouvelables. Pas moins de 7 millions de foyers français se chauffent à l'électricité, ce qui représente 40 % de la consommation totale des ménages. Une aberration, si l'on compare le rendement du chauffage électrique face à d'autres systèmes. Car le nucléaire coûte très cher si l'on prend en compte tous les aspects de la filière (entretien, démantèlement, traitement des déchets...). Faut-il pour autant boycotter le chauffage électrique ? Le Danemark n'a pas hésité à l'interdire. Et tous ceux qui ont fait un jour ou l'autre confiance au chauffage électrique le regrettent bien souvent. Car, là aussi, il revient vite très cher. Au moins deux fois plus que le gaz, par exemple. Refuser le chauffage électrique n'est donc pas tant un choix idéologique qu'un calcul économique. Sans compter le confort. Les systèmes les plus répandus (les moins chers), par convection, assèchent l'air et créent une ambiance désagréable car la chaleur n'est pas diffusée de façon homogène.
À noter tout de même que des progrès ont été réalisés et qu'il existe différents systèmes de chauffage électrique.

■ *Le chauffage par convection :* la technologie de base n'a pas évolué et le convecteur reste un chauffage énergivore et désagréable. Comme nous l'avons expliqué plus haut, il chauffe l'air et créé donc une atmosphère trop chaude ou trop froide. À proximité des radiateurs l'air est sec et chaud et dès que l'on s'en éloigne, il fait froid.
Cela dit, la plupart des convecteurs actuels disposent d'une sortie d'air frontale, ce qui évite de noircir les murs. Ils sont assez silencieux et équipés d'un régulateur électronique. En cas de surchauffe, un thermostat permet d'arrêter l'appareil.

Si l'on doit absolument choisir un chauffage électrique, autant privilégier les chauffages Héliosphoton ou ceux à accumulation, plus économiques et plus confortables que les convecteurs.

■ *Le chauffage rayonnant :* le panneau rayonnant est un chauffage qui fonctionne comme le soleil. Il donne une sensation de chaleur douce qui enveloppe le corps. C'est une plaque métallique qui diffuse la chaleur par rayonnement et non une résistance qui chauffe l'air.
On peut intégrer ces systèmes dans les murs ou les plafonds grâce à des câbles ou des films chauffants que l'on dissimule sous les matériaux.

■ *Le chauffage à accumulation :* ce radiateur fonctionne avec l'inertie thermique. Ce sont des briques réfractaires qui stockent la chaleur pendant les heures creuses, en général la nuit, lorsque les tarifs sont les plus avantageux. Et dans la journée la chaleur est restituée par rayonnement. Un système économique qui à l'avantage de diffuser une chaleur constante mais qui reste très volumineux et cher.

Le chauffage Héliosphoton : ce type de radiateur est sans doute le plus intéressant des chauffages électriques car moins énergivore et plus confortable. Cela reste le meilleur moyen de se chauffer si l'on ne peut pas se passer de l'électricité. Le système ne consiste pas à réchauffer l'air mais à assécher les murs en évacuant l'humidité qu'ils contiennent. Une fois secs, les murs sont isolants et le froid ne passe plus. La résistance électrique est remplacée par des lampes incandescentes de 200 watts. La chaleur diffusée par rayonnement est très agréable. Selon le fabricant, si le radiateur représente un investissement non négligeable, il permet de faire des économies importantes puisqu'il consomme moitié moins d'énergie que les autres types de chauffage électrique.

LE GAZ

Si le gaz doit être considéré comme la plus intéressante des énergies fossiles, elle reste néanmoins très polluante. À l'instar du charbon et du fioul, lorsque le gaz est brûlé pour produire de l'énergie, il recrache dans l'atmosphère une quantité non négligeable de gaz à effet de serre. En revanche, il n'émet pas de soufre et ne provoque donc pas de pluies acides.
Même si nous ne conseillons pas de choisir un système de chauffage au gaz, nous le préférons au fioul ou au charbon. Mais il revient encore plus cher, surtout s'il n'est pas disponible en réseau. Le prix du kwh obtenu avec du gaz stocké en cuve est environ deux fois plus onéreux que celui obtenu avec du fioul.

DES LABELS POUR LE CHAUFFAGE

L'ADEME a pour mission de labelliser les chauffages les plus performants pour améliorer l'offre de matériel de haute qualité énergétique et environnementale destiné aux particuliers, d'ici à 2006. Jusqu'à cette date, l'État a en effet lancé un programme Bois-Énergie visant à encourager le chauffage au bois.
Objectifs : améliorer le rendement global de 10 % de la filière de chauffage domestique au bois, créer 2000 à 3000 emplois et réduire les gaz à effet de serre en évitant de recracher 2 millions de tonnes de gaz carbonique dans l'atmosphère chaque année.

Les cheminées Focus adoptent un design moderne qui s'intègre à la décoration d'une pièce.

LE BOIS

S'ils sont moins en avance que leurs voisins du Nord, les Français apprécient quand même le bois comme source d'énergie. Pour preuve, 80 % de la production de bois sert au chauffage domestique. On estime que 6 millions de familles sont aujourd'hui concernées en France. Et pourtant, que d'idées reçues sur le chauffage au bois ! Système dépassé, polluant, destructeur de forêt... Tout cela est faux. Le chauffage par le bois est à la fois très écologique et très performant si l'on utilise des technologies modernes. Écologique d'abord, parce que le bois est une ressource renouvelable. Beaucoup moins polluant que le charbon, le pétrole et même le gaz. Pas de rejet de soufre, donc pas de pluie acide. Et puis surtout, beaucoup moins de gaz à effet de serre. Car le gaz carbonique recraché dans l'atmosphère en brûlant du bois est automatiquement réabsorbé par les arbres qui poussent. En effet, un arbre à besoin de consommer du CO_2 pour grandir. Autrement dit, si l'on replante systématiquement les arbres que l'on coupe pour brûler, la pollution est quasi nulle. En France, c'est le cas puisque la superficie de la forêt ne diminue pas. Au contraire, elle a même augmenté de 20 % depuis le Moyen Âge. Sur l'ensemble de la planète, on estime que les

forêts stockent entre 500 et 800 milliards de tonnes de carbone. Et plus elles poussent, plus elles piègent la pollution.
Côté performance, le bois à un bon pouvoir calorifique de 4000 Kcal/kg. Mais tout dépend du système de chauffage que l'on choisit. Or, il existe des appareils plus performants que d'autres.

On peut distinguer cinq types de systèmes

■ *La cheminée.* C'est le mode de chauffage le plus ancien et le plus agréable pour profiter d'une bonne flambée. Rien de tel qu'une soirée au coin du feu avec un bon livre un soir d'hiver. Mais côté rendement, le résultat est nul : 90 % de la chaleur s'échappe par le conduit de la cheminée et le bois se consume très vite. Il faut se relever au milieu de la nuit, dans le froid, pour alimenter la cheminée !

■ *L'insert.* Son principe est simple : on emboîte un caisson en fonte dans le foyer de la cheminée qui est fermé par une épaisse porte vitrée. L'air chaud est donc récupéré et évacué par des bouches situées sur le côté de la cheminée. Les rendements sont de l'ordre de 50 à 70 % selon les modèles. Seul inconvénient : les systèmes sont plutôt inesthétiques. De plus, regarder un feu derrière une vitre reste très frustrant. Pour régler ce problème, certains constructeurs (comme Polyflam) proposent des cheminées à double foyer équipées d'un système de récupération de chaleur. Le conduit de cheminée est fermé par une trappe. Si l'on veut profiter du feu de cheminée pour une soirée, on ouvre la trappe. Le reste du temps, et surtout la nuit, on ferme la trappe et la cheminée fonctionne alors comme un poêle.

Souvent inesthétiques, les inserts se sont beaucoup développés en France car ils assurent un rendement 5 à 7 fois supérieur à celui d'une cheminée.

La cheminée

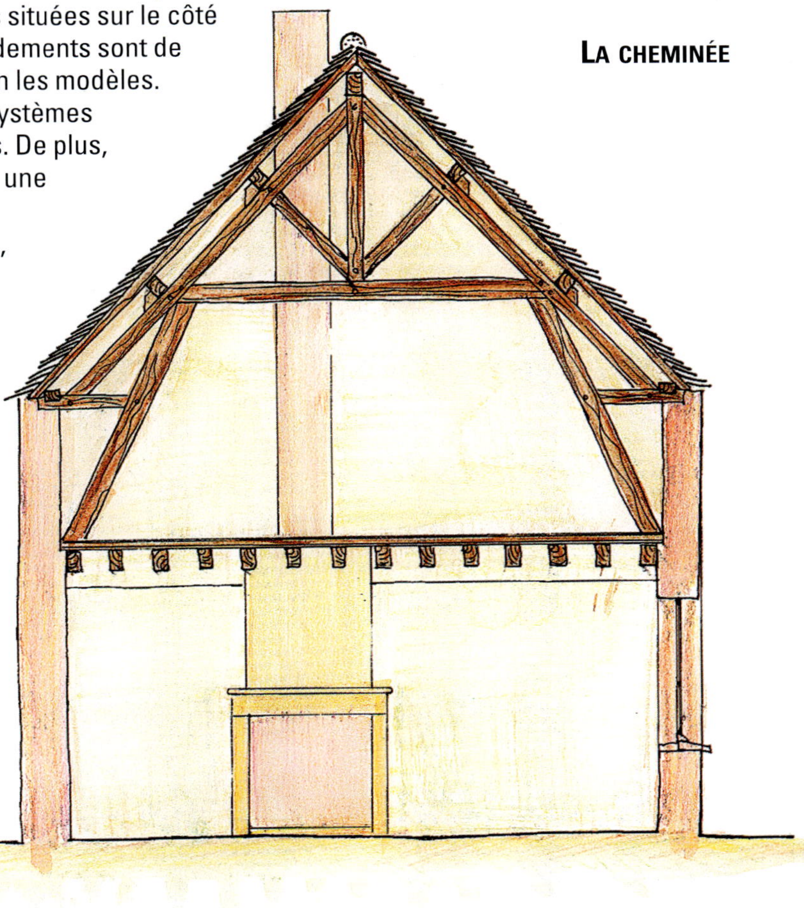

La cheminée est un piètre moyen de chauffage car la longueur du conduit peut entraîner d'importantes déperditions de chaleur.

Ces poêles en faïence ont non seulement un très bon rendement mais aussi une grande autonomie : une seule grosse bûche peut suffire pour une nuit entière de chauffage.

■ *Le poêle.* Il existe des appareils plus ou moins performants suivant le prix et l'usage que l'on veut en faire. On peut obtenir un rendement de 30 à 80 % pour les poêles « turbo » les plus sophistiqués. Ceux-ci présentent l'intérêt de brûler les imbrûlés, c'est-à-dire qu'il ne reste quasiment aucune cendre dans le foyer. Avantages : peu de pollution et une autonomie accrue, contrairement aux anciens poêles qu'il faut alimenter régulièrement et dont le rendement ne dépasse pas les 40 %.
On conseillera donc davantage les poêles « turbo ». Ils existent sous forme de poêles à bûches : des appareils en fonte classiques; des poêles cheminées (ou scandinaves) qui permettent de voir le feu et sont généralement en métal; et enfin des poêles en faïence ou en pierre qui ont une masse importante et une forte inertie thermique (poêle que l'on trouve en Alsace et en Scandinavie). Dans tous ces poêles, il suffit de mettre une bûche le soir pour chauffer un grand volume toute la nuit (certains poêles possèdent un système de relais électrique pour préchauffer, même à distance, comme sur les poêles Tulikivi, par exemple).
Ces poêles peuvent aussi fonctionner aux granulés de bois. Ils sont originaires des États-Unis. Non seulement cette technologie est très performante (80 % de rendement) mais elle est en plus très peu polluante et facile d'accès. Il suffit de remplir un réservoir une fois par jour ou tous les deux jours et les granulés sont directement acheminés dans le foyer par l'intermédiaire d'une vis sans fin qui fonctionne avec un petit moteur électrique. Pas besoin de conduit de cheminée car les fumées peuvent être évacuées par une ventouse à même la paroi. Côté inconvénient, il faut se faire livrer des quantités importantes de granulés de bois, encore peu commercialisés en France.

■ *La cuisinière à bois.* Elle est très polyvalente puisqu'elle peut à la fois permettre la cuisson des aliments, assurer un chauffage central et produire de l'eau chaude dans un ballon de 50 à 100 l. Son rendement, de l'ordre de 60 %, n'est pas négligeable, mais il faut régulièrement remettre du bois dans le foyer souvent assez petit.

QUEL BOIS CHOISIR ?

Selon le temps dont vous bénéficiez pour couper du bois et l'espace dont vous disposez pour le stocker, vous pouvez acheter la matière première sous plusieurs formes :

- Des billes de bois que vous débitez et refendez selon la longueur voulue. Une solution économique mais qui demande du temps et de l'espace.
- La solution la plus courante consiste à se procurer du bois en stère, c'est-à-dire coupé en rondin de 1 m, que l'on refend ensuite pour brûler dans le poêle ou la cheminée.
- Si l'on manque de temps et d'espace, on paye le prix fort du bois scié et fendu directement à la bonne longueur.

Dans tous les cas, le bois doit sécher au moins 18 mois avant de pouvoir être brûlé. Il faut choisir du bois provenant d'arbres feuillus comme le chêne, le hêtre, le charme ou le frêne, car leur pouvoir calorifique est bien supérieur à celui des résineux qui brûlent beaucoup plus vite et encrassent plus rapidement les poêles et les cheminées.

■ *Les chaudières à alimentation automatique.* Contrairement aux quatre autres systèmes, le chargement de bois n'est pas manuel ce qui permet d'obtenir une meilleure combustion et un rendement supérieur. La production de chaleur est toujours régulière et fixe, comme pour une chaudière classique au gaz ou au fioul, ce qui assure un excellent confort thermique.

■ *Deux systèmes sont disponibles pour les particuliers :*

• **Les chaudières à bois déchiqueté.** Leur rendement est excellent (75 à 80 %). Le combustible est obtenu à partir de branches, de haies, de taillis plantés spécialement ou de déchets d'industrie du bois. Passé dans une déchiqueteuse, le bois est ensuite stocké dans un silo qui alimente automatiquement la chaudière. Suivant le volume du silo, l'autonomie peut atteindre une semaine. Si vous êtes déjà équipé d'une chaudière, vous pouvez faire des économies en adaptant un avant-foyer et un système d'alimentation. Le bois déchiqueté peut s'acheter dans une entreprise ou, si l'on dispose de bois, on peut aussi louer une déchiqueteuse. On trouve également des granulés de bois en sciure compactée et liée avec un composant du bois, la lignine.

• **Les chaudières à bûches**, très développées dans les pays scandinaves, font leur apparition en France. En Alsace, plusieurs particuliers ont déjà reçu des subventions pour installer ce système. Un volume de bois assez important est brûlé d'un seul coup dans une chaudière et toute la chaleur est stockée dans un très gros ballon d'eau chaude de 1000 à 2000 l. Grâce à l'inertie thermique du ballon, le chauffage est assuré pendant au moins trois ou quatre jours. Et à l'intérieur de ce gros ballon, on peut disposer d'un autre ballon d'eau chaude plus petit qui assurera l'eau chaude sanitaire.

LE SOLAIRE

Sans soleil, pas de vie sur la terre. Il procure la chaleur, la lumière et permet la photosynthèse indispensable au monde végétal. Depuis l'Égypte ancienne, les hommes s'intéressent à l'énergie que dégage cet astre. On a vu que sous toutes les latitudes, les bâtisseurs ont toujours voulu se protéger et surtout se servir des rayons solaires comme source d'énergie. Il y a vingt-trois siècles, le mathématicien grec Euclide donnait naissance à la théorie de la concentration du rayonnement solaire.
Le naturaliste français Buffon l'expérimenta, en 1747, avec sa batterie de miroirs composée de 128 glaces. Mais il faut attendre 1913 pour voir la première pompe solaire apparaître en Égypte. Et surtout, le premier choc pétrolier de 1973 pour que les pouvoirs publics s'intéressent enfin de plus près aux atouts de l'énergie solaire. Très vite, le marché a explosé. Trop vite. Car la demande fut si forte que des bricoleurs du dimanche se sont aussitôt transformés en apprentis ingénieurs. Résultat, la plupart des installations sont rapidement tombées en

Primée au concours Maisons solaires, Maisons d'aujourd'hui, cette maison solaire, conçue par l'Atelier de l'Entre, fonctionne avec des capteurs thermiques et profite également de l'apport gratuit de la chaleur du soleil grâce à sa conception bioclimatique.

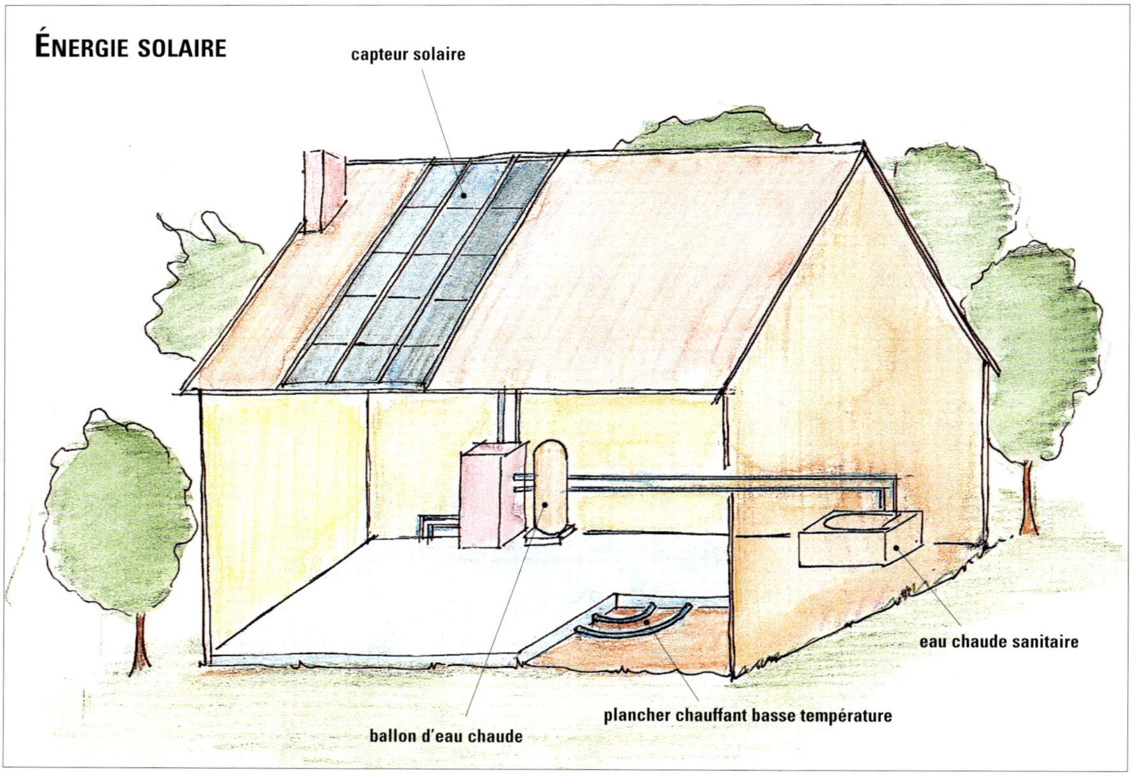

panne, entraînant le déclin du solaire dès le début des années 1980.
Une génération plus tard, on se souvient encore de cet échec cuisant. D'ailleurs, le solaire n'a pas réussi à se défaire complètement de cette image de technologie défaillante et horriblement coûteuse. Pourtant, cette énergie renouvelable est sortie de l'âge de pierre.

Les panneaux solaires peuvent facilement s'adapter sur des maisons anciennes pour l'alimentation en eau chaude.

Les professionnels ont désormais des compétences reconnues. De nouveaux composants et matériaux sont utilisés pour garantir de bonnes performances. Des architectes et ingénieurs ont mis au point des innovations majeures. Par exemple, l'entreprise CLIPSOL T2I, n° 1 français du chauffage solaire par le sol, a mis au point un système de télésurveillance très sophistiqué qui permet de faire la maintenance à distance. À tout moment, l'entreprise peut détecter une panne chez l'un de ses clients. Et si vous partez en vacances, vous pouvez régler votre système de chauffage à distance par Minitel.

Une fois recueillie, la chaleur est diffusée par un fluide caloporteur qui est transformé en chauffage ou en eau chaude par l'intermédiaire d'un échangeur. Ensuite, le chauffage est diffusé par un système basse température intégré dans le sol qui garantit une chaleur rayonnante très confortable et sans aucun risque. À l'heure où nous écrivons ces lignes, un système devrait bientôt être disponible pour incorporer le chauffage dans les murs. Lorsque le soleil n'est pas suffisant, une chaudière au bois, au gaz ou un chauffage électrique prend automatiquement le relais.

L'hiver, une telle surface de panneau solaire permet de chauffer une maison. L'été, elle permet d'alimenter en plus deux autres habitations en eau chaude.

En montagne, les capteurs solaires sont parfois à la verticale pour limiter les surchauffes l'été et favoriser le chauffage l'hiver.

On utilise de plus en plus l'énergie solaire pour le chauffage ou l'eau chaude sanitaire compte tenu de sa fiabilité. Et surtout, pour ses avantages économiques et écologiques.

■ *Il s'agit à nos yeux du système de chauffage le plus intéressant pour au moins trois raisons :*

- **Financièrement**, même si en dix ans les prix des systèmes ont été divisés par deux, le solaire représente encore un lourd investissement au départ. Mais une fois amortie (en moyenne au bout de dix ans), l'énergie devient gratuite !

LE PRINCIPE DE FONCTIONNEMENT DU CHAUFFAGE SOLAIRE

Des capteurs solaires sont placés sur le toit de la maison ou d'un bâtiment annexe (parfois sur un support à même le sol), et transforment le rayonnement en chaleur. Placés au sud, ils sont plus ou moins inclinés pour privilégier le chauffage ou l'eau chaude suivant la région habitée. En général, leur inclinaison est de 45°.

• **Côté environnement**, faut-il encore rappeler l'intérêt ? Contrairement au nucléaire, au pétrole, au gaz ou au charbon, le soleil est en effet une source d'énergie inépuisable et très abondante. Cent milliards de mégawatts de rayons solaires arrosent la surface de la terre en permanence… l'équivalent de 100 millions de centrales nucléaires de 1 000 mégawatts ! Quant à la pollution, un seul mètre carré de capteur solaire évite le rejet de 260 kg de gaz carbonique (CO_2) dans l'atmosphère chaque année ! À l'heure où l'on cherche à enrayer le réchauffement climatique en limitant l'émission de CO_2, cela mérite réflexion.

• **Enfin, côté performance**, il faut mettre fin à une idée reçue : le solaire ne fonctionne pas que dans le sud. Mieux : il est quelquefois plus rentable de construire une maison solaire au nord qu'au sud. D'abord, rappelons que la notion géographique du nord et du sud est toute relative. Un Anglais construit volontiers une maison solaire en Cornouailles alors qu'un Français pense impossible d'en faire autant dans le Nord-Pas-de-Calais, pourtant plus au sud ! Ensuite, l'intérêt d'un système solaire dépend moins du nombre de jours où le soleil brille que des besoins énergétiques à satisfaire.
Par exemple, vous habitez à Marseille et votre système solaire très efficace couvre 60 % des besoins énergétiques de la maison. Parfait. Comme le climat est clément presque toute l'année, le chauffage fonctionne très peu et votre facture s'élève seulement à 10 000 francs. Vous économisez donc 6 000 francs grâce au soleil.
Maintenant, vous habitez Strasbourg. L'hiver est rude et votre facture énergétique s'élève à 30 000 francs à cause du chauffage. Comme le soleil brille moins qu'à Marseille, votre système solaire couvre seulement 30 % de vos besoins énergétiques. Vous économisez pourtant 9 000 francs. Donc, avec une maison solaire deux fois moins performante, vous économisez 3 000 francs de plus dans le nord que dans le sud !

Si vous êtes bricoleur

Vous pouvez installer vous-même vos capteurs solaires et le système de chauffage. Des stages sont même organisés pour les particuliers par l'entreprise CLIPSOL T2I. En revanche, les conseils d'un architecte peuvent être bienvenus, voire obligatoires, pour intégrer correctement les panneaux solaires dans l'environnement ou la structure de la maison. L'aspect inesthétique de capteurs noirs sur un toit reste l'un des principaux freins à l'installation de système solaire. Or, des solutions existent. Dans le cas d'une maison récente, il est possible de les intégrer dans l'architecture globale de la maison pour qu'ils soient discrets et même presque invisibles. Pour une maison ancienne, la solution peut consister à ne pas installer directement les capteurs sur le toit de la maison, mais sur une dépendance moins visible (grange, atelier…). Ils peuvent également être posés au sol, sur une structure dans un coin du jardin autour de l'habitation.

En ce qui concerne l'entretien, aucun problème particulier n'est à signaler.
Et quoi qu'il arrive, les capteurs solaires bénéficient généralement de la garantie décennale du bâtiment. Le CSTB (Centre scientifique et technique du bâtiment) estime aussi dans son avis technique que le système de plancher chauffant solaire a une durée de vie d'au moins 25 ans. Aucun risque, donc, de vous retrouver seul, livré à vous-même face à une panne d'eau chaude à 6 heures du matin au mois de décembre.

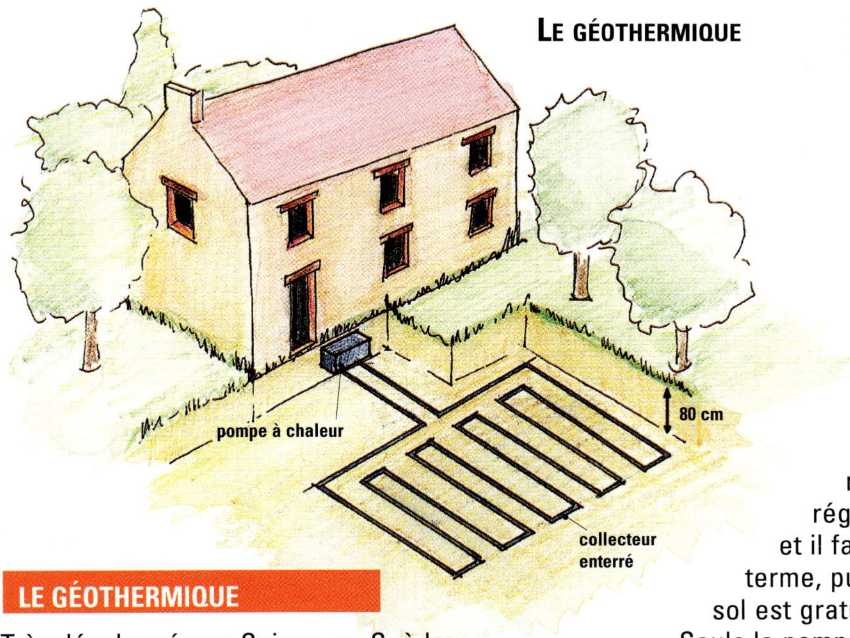

LE GÉOTHERMIQUE

Très développée en Suisse, en Suède et aux États-Unis (où l'on trouve plus de 400 000 chauffages géothermiques), la géothermie prend de l'essor depuis le début des années 1990 dans l'habitat particulier en France. Le principe de cette énergie est simple : il s'agit d'exploiter l'énergie stockée dans le sous-sol.
On trouve effectivement de la chaleur sous terre, qui provient de la radioactivité naturelle et des échanges thermiques entre les différentes couches terrestres. Du noyau situé à 6 370 km sous nos pieds à la couche à 30 km de la surface, les températures oscillent entre 1 000 °C et 4 300 °C. Comme pour le soleil, l'énergie disponible est en théorie considérable : 1 km² de roches sur 10 km de profondeur peut procurer environ 15 millions de TEP (Tonnes Équivalent Pétrole). Et bien sûr, cette source d'énergie est entièrement renouvelable et propre.
Après le deuxième choc pétrolier de 1979, le doublement du coût du pétrole relance l'idée de développer des énergies alternatives. Plus de 70 installations géothermiques ont ainsi été réalisées entre 1980 et 1985, surtout dans le Bassin parisien, pour chauffer 160 000 logements en collectif. La plupart de ces installations fonctionnent encore aujourd'hui, ce qui prouve la fiabilité des systèmes. Mais s'il existe de très gros ensembles géothermiques, comme celui de Meaux qui permet de chauffer 50 000 personnes. On trouve aussi des installations pour les particuliers, beaucoup plus petites et rudimentaires, mais fiables. L'unique problème provient de l'investissement financier à assumer au départ. Comme pour le solaire, des subventions sont quelquefois débloquées au niveau national ou régional (voir l'ADEME) et il faut raisonner à moyen terme, puisque l'énergie du sol est gratuite.

Seule la pompe à chaleur fait appel à l'énergie électrique pour fonctionner. Mais en définitive, le chauffage géothermique permet de faire des économies.

COMMENT ÇA MARCHE ?

L'installation géothermique est composée de 3 éléments distincts :
- un circuit de capteurs;
- une pompe à chaleur;
- un plancher chauffant à basse température.

Pour simplifier, la pompe à chaleur fonctionne comme un réfrigérateur mais dans le sens inverse : elle produit du chaud avec du froid. Elle récupère les calories contenues dans le sol grâce à un circuit de capteurs enterré dans le jardin.
À l'intérieur du circuit, on trouve un fluide caloporteur, mélange d'eau et d'antigel, qui véhicule l'énergie. À l'intérieur de la maison, le chauffage est assuré par un plancher chauffant, intégré dans le sol. On retrouve les mêmes avantages qu'avec le système de chauffage solaire. Pas de combustible, pas de stockage, pas de pollution, pas de radiateur, une régulation automatique assurée par une centrale électronique et un véritable confort pour les habitants. Même garantie aussi, assurée par le CSTB. À tous ces avantages s'ajoute aussi la possibilité de rafraîchir la maison en été lorsqu'il fait chaud. Cette fois-ci, on prend les calories à l'intérieur de la maison pour les rejeter dans la terre.

CHAPITRE 4

L'AMÉNAGEMENT ET LA DÉCORATION

La décoration crée l'âme d'une maison, sa douceur de vivre. De nombreux matériaux sains et naturels offrent des qualités remarquables, un touché agréable, une usure limitée… On peut choisir un parquet en bois, un sol en terre cuite, ou des fibres végétales pour le salon et les chambres. Dans la cuisine, on peut opter pour du linoléum naturel. Sur les murs, on choisira des peintures minérales qui ne dégagent pas de vapeurs toxiques, des enduits ou des badigeons à la chaux.

LES REVÊTEMENTS DE SOL

Parquet, carreaux de terre cuite, lino naturel ou fibres végétales : les meilleures solutions pour des sols naturels et résistants qui offrent une finition parfaite.

LE BOIS

« Chaque minute, 26 hectares partent en fumée », estime l'organisation écologique internationale World Wind Fund (WWF : Fonds mondial pour la nature). L'Amérique du Sud, a perdu 645 000 km^2 en l'espace de 10 ans, soit un peu plus que la surface de la France, la Suisse, la Belgique et le Luxembourg réunis ! En Amérique du Nord, le Canada a exploité la moitié de ses forêts en 25 ans. L'Asie détient le record de déforestation avec un tiers de la forêt tropicale rayée de la carte en 20 ans. En Afrique, 4 millions d'hectares disparaissent chaque année… la planète bleue est de moins en moins verte.

Outre ses qualités techniques, un parquet en bois est un revêtement esthétique, facile d'entretien, qui confère une ambiance chaleureuse.

100 % NATUREL

Sur le plan écologique, le bois est l'une des rares ressources renouvelables. Pas besoin de défigurer le paysage avec des carrières pour l'extraire. Le coût énergétique de la construction en bois est très faible. Pour fabriquer un plancher en béton de 4,5 m de portée, on doit consommer deux fois plus d'énergie que pour un plancher en bois et jusqu'à dix fois plus pour de l'acier ! Encourager l'utilisation du bois dans le bâtiment, c'est aussi une bonne façon de lutter contre la pollution et l'effet de serre. Mais ce qui paraît le plus important lorsque l'on veut utiliser du bois pour la construction ou l'aménagement de sa maison, c'est la noblesse du matériau.

La déforestation est un problème écologique aux causes multiples : les industries forestières qui exploitent à coups de bulldozer en Colombie britannique, les grands propriétaires terriens qui déboisent pour créer des pâturages en Amérique du Sud, les multinationales qui rasent la forêt tropicale pour planter des palmiers à huile en Indonésie, l'urbanisation galopante en Afrique…
Pas facile, dans ces conditions, d'adopter une stratégie globale de sauvegarde. Toutefois, une chose est certaine : l'objectif n'est plus de maintenir la forêt en l'état, mais d'améliorer son exploitation.

Sur chaque produit, que ce soit une planche, un bloc de papier, un meuble ou un objet, doit figurer un numéro de série à côté du label FSC (*Forest Stewardship Council*). Grâce à ce numéro, il est possible de remonter toute la filière industrielle jusqu'à la forêt, comme sur n'importe quel produit alimentaire.
Ensuite, sur le terrain, des contrôles sont effectués par des organismes indépendants pour s'assurer du bon respect des principes. Tous les ans,

En pin, en hêtre, en châtaignier, en chêne… le parquet est un revêtement précieux, qui se pose sans difficulté et s'adapte aux goûts et aux budgets de chacun.

un contrôle est réalisé. Et tous les cinq ans, un contrôle plus approfondi donne lieu à une consultation publique auprès des autorités forestières, des associations, des naturalistes, des randonneurs. Si une association de pêcheurs affirme que l'exploitation de la forêt pollue la rivière, l'organisme de contrôle vérifie et en tient compte dans les consignes imposées au forestier.

Un matériau noble et écologique

Le bois est chaleureux, lumineux, agréable à voir, à sentir et à toucher. Outre son aspect esthétique, il a aussi des avantages techniques non négligeables.

■ *Premier avantage d'un parquet en bois pour revêtir un sol :* sa résistance. Il faut une charge d'au moins 10 t pour écraser un cube de 5 cm d'arête. Sa durabilité a aussi fait ses preuves depuis longtemps. Pas facile d'user un parquet en bois. S'il est bien entretenu, il peut se garder des siècles.

■ *Deuxième avantage :* le parquet est un excellent isolant thermique. Il a la particularité d'isoler et en même temps de stocker la chaleur.
On chauffe beaucoup plus facilement une pièce dont les parois sont en bois.

Par contre, sur le plan acoustique, il ne s'agit pas d'un bon isolant phonique car c'est un matériau de faible densité. On sait en revanche qu'un plancher en bois, souple et élastique, améliore le confort de la marche grâce à sa capacité d'absorption des chocs.

■ *Troisième avantage :* un plancher en bois s'adapte à l'humidité ambiante d'une pièce. Il sert de tampon et peut absorber des variations hygrométriques importantes.
Il en résulte une sensation de confort que l'on éprouve immédiatement dans une pièce ou le bois prédomine.
Côté pratique, la pose d'un parquet en bois a le mérite d'être rudimentaire. Pas de colle, pas de ciment… Juste des clous et une certaine dextérité pour bien assembler les lames de parquet entre elles.

LES CARREAUX DE TERRE CUITE

Rien de plus naturel qu'un sol en terre cuite : de l'argile, de l'eau et du feu. Les carreaux sont encore fabriqués de manière traditionnelle dans la plupart des briqueteries. À Allonne, par exemple, on perpétue une tradition artisanale vieille de plus d'un siècle.
L'argile est extraite un an à l'avance et exposée aux intempéries pour devenir plus cassante. Elle est ensuite mélangée, moulée

À la Briqueterie d'Allonne, les carreaux de terres cuites se fabriquent encore de façon artisanale sous de multiples formes.

LA POSE DES CARREAUX

Surtout, évitez de poser vos carreaux au ciment. Utilisez un mortier à la chaux (voir *Réussir un mortier* p. 94). Laissez un joint de quelques millimètres entre chaque carreau, que vous remplirez avec une barbotine, c'est-à-dire un mélange assez liquide de chaux et de sable très fin (sablon).
Les carreaux devront être préalablement bien nourris avec de la cire naturelle, dont il faut passer au moins deux couches à intervalle de 12 heures. Pour les nettoyer après la barbotine, on peut utiliser de la sciure et du sable.
De même, si vous devez effectuer d'autres travaux, il est préférable de protéger votre sol avec de la sciure de bois. Une feuille de polyane recouverte d'une fine couche de plâtre peut aussi faire l'affaire. Une fois les travaux terminés, il suffit de retirer le polyane avec le plâtre qui se cassera tout seul.
Pour l'entretien, n'employez jamais un détergent qui pourrait être corrosif pour vos tomettes. Lavez le carrelage avec du savon noir et un balai brosse puis rincez. S'il y a des taches de cire ancienne qui persistent, vous pouvez utiliser de la lessive Saint-Marc avec de l'eau chaude. Une fois votre carrelage sec, passez de la cire naturelle et faites briller avec une cireuse.

Les carreaux de terre cuite ne sont pas seulement réservés aux vieilles maisons. Il en existe aujourd'hui de toutes les formes, de toutes les teintes, qui s'adaptent même aux décors les plus modernes.

et séchée pendant 100 heures pour qu'il reste à peine 1 % d'humidité. Puis les argiles sont passées au four qui monte doucement en température pendant 4 semaines 1/2. Au final, elles cuisent entre 1 180 et 1 200 °C pendant 18 heures. Il en ressort des carreaux de toutes les couleurs, virant du beige au rouge en passant par l'ocre et le brun. Panaché de couleurs dû aux différents oxydes de fer, de titane, d'alumine et à la cuisson au feu.
Bien sûr, l'impact écologique n'est pas nul puisqu'il faut extraire l'argile et ensuite le cuire au charbon, au gaz ou à l'électricité. Mais les carrières n'exploitent que les couches superficielles du sol et les procédés industriels de cuisson, certes peu économiques, ne génèrent pas de grave pollution. Seul véritable point noir : l'argile n'est pas une ressource renouvelable. Par contre, la terre cuite est faite pour durer des siècles.

LE LINO NATUREL

Attention, il y a lino et lino !
Rien à voir entre le linoléum naturel très utilisé jusque dans les années 1950 et le lino en plastique qui le remplaça par la suite.

Le lino naturel, qui redevient à la mode aujourd'hui, est traditionnellement fabriqué à base de linoxine, extraite de l'huile de lin (d'où son nom). On y ajoute des résines naturelles à base de pin, des particules de liège, de la farine de bois et de la chaux pour créer une matière résistante.
Tout ce mélange est ensuite coulé sur une armature en toile de jute, puis chauffé dans une chambre d'étuve pendant au moins 4 semaines pour le solidifier.
Après séchage, plusieurs couches de cire sont passées pour rendre le lino imperméable.

Les raisons de son succès ?
Il est d'abord très apprécié pour ses nombreuses couleurs obtenues grâce à des pigments naturels. Ensuite, il est très résistant aux chocs et facile d'entretien. On le lessive avec un peu d'eau à laquelle on ajoute de temps en temps de la cire liquide pour le nourrir.

Ces échantillons ne représentent qu'une infime partie de la diversité des tons qu'offre le lino naturel, réputé pour sa résistance et sa facilité d'entretien.

LA POSE DU LINO

Souple, le lino à tendance à se rétrécir sur les côtés et à se contracter ou onduler, surtout s'il y a trop d'humidité. Mais tous les sols conviennent s'ils sont secs et non fissurés.

• Premier conseil : la température de la pièce et du sol ne doit pas être inférieure à 15° au moment de la pose. Et le taux d'humidité idéal se trouve entre 40 et 60 %.

• Deuxième conseil : tout votre lino doit être exposé à la même lumière au même moment pour que la couleur ne varie pas d'un endroit à l'autre de la pièce.

• Troisième conseil : il est préférable de faire appel à des spécialistes pour le poser. Sinon, procurez-vous une notice de conseil auprès du fabricant. Car des colles-ciment spéciales doivent être utilisées pour bien le fixer et des consignes sont aussi à respecter quant à la coupe et aux raccords.

• Quatrième conseil : pour insonoriser la pièce et réduire le bruit des pas, vous pouvez poser une sous-couche de liège très fine entre le sol et le lino.

LES FIBRES VÉGÉTALES ET ANIMALES

Tombées dans l'oubli avec l'apparition de la moquette et des matières synthétiques, les fibres végétales sont utilisées depuis des siècles pour fabriquer des revêtements de sols. On redécouvre aujourd'hui leurs qualités naturelles de résistance, de confort et d'entretien. Grâce à des techniques de production industrielle, la gamme des revêtements s'est fortement développée : couleurs variées, matières brutes ou travaillées, maille fine ou grossière... Entre le coco, le sisal, le jute, le jonc de mer, la laine, le choix est large. On peut choisir de les poser comme une moquette pour recouvrir tout un sol, ou simplement comme un tapis avec une lisière en coton, en lin ou en jute. Vous pouvez aussi créer vous-même votre tapis

Les fibres naturelles sont connues sous forme de tapis ou de paillassons, mais on peut aussi les utiliser comme des moquettes pour recouvrir une grande surface.

Le jonc de mer, le sisal, le jute, le coco, la laine… tous les revêtements en fibres naturelles offrent des qualités différentes : plus ou moins résistants, doux et faciles à laver, selon les pièces où l'on souhaite les poser.

en combinant plusieurs rubans pour les border, selon votre goût et aux mesures que vous souhaitez. Généralement, plus la fibre est solide moins elle est douce et agréable au toucher. On recommandera donc davantage le coco, le jonc ou le sisal pour un salon ou une entrée et le jute ou la laine pour une chambre. Si votre sol est inégal, accidenté ou que le passage est fréquent, mieux vaut poser le revêtement sur une thibaude, c'est-à-dire un molleton de tissu ou de feutre.

■ *Le coco*

C'est sans doute la plus connue des fibres végétales, d'un aspect assez grossier et légèrement velue, elle est fabriquée à partir des coques de noix de coco que l'on bat après les avoir ramollies dans de l'eau douce. La fibre est ensuite filée, tissée et blanchie ou laissée de couleur naturelle, brun assez foncé.

■ *Le sisal*

La fibre de sisal est extraite de l'agave, cette plante d'origine mexicaine, aux feuilles vert sombre, larges et pointues, dont le suc sert à fabriquer le fameux mescal (alcool fermenté). Très résistant, anti-statique, le sisal offre des trames variées de revêtements : du plus élégant avec des dessins croisés, fins et colorés jusqu'au plus basique, tressé avec des grosses fibres.

■ *Le jonc de mer*

Cette plante à hautes tiges, droites et flexibles, pousse dans des champs inondés d'eau de mer pendant sa culture. Sa fibre est appréciée car très dure et presque imperméable. Une fois filé, le jonc résiste presque à toutes les taches et peut donc se poser dans de nombreuses pièces. Sa couleur naturelle varie du beige au brun roux et même au vert, ce qui garantit de beaux tressages.

■ *Le jute*

Utilisé pour fabriquer des cordes, le jute était à l'origine importé du Bengale, à partir du XVIIIe siècle. Extraites d'une plante herbacée pouvant atteindre 3 m de haut, les fibres de jute sont longues et soyeuses. Les tiges cueillies à la main sont ensuite assouplies dans l'eau, comme pour le coco. Plus souple et moins résistant que le sisal ou le jonc, le jute fournit des revêtements chics, subtils et très agréables au toucher.

■ *La laine et ses dérivés*

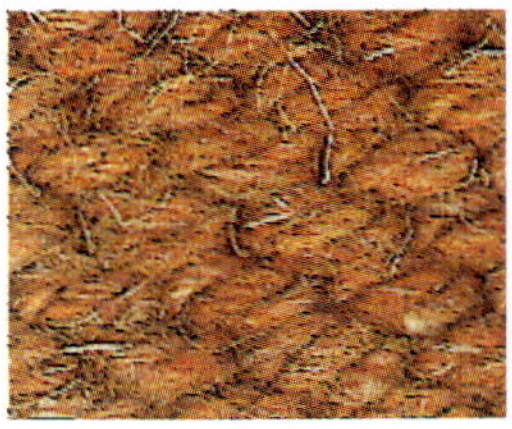

Des revêtements de sol en laine ? On imagine aussitôt des tapis doux et fragiles. Mais il existe aujourd'hui différentes catégories de revêtements en laine. Les plus luxueux font appel à des techniques où le tissage est très dense et les laines extrêmement fines. Un revêtement idéal pour les chambres. On trouve également des mélanges de fibres plus résistants. Par exemple, de la laine avec du jute et du sisal que propose la société Crucial Trading sous le nom de Sisool.

LES CIRES ET LES HUILES

Les cires et les huiles peuvent être considérées comme de véritables produits de beauté pour le bois, les terres cuites ou toute surface poreuse.

Il existe différentes qualités de cire. Celle à base de cire d'abeille et de carnauba est d'une grande qualité.

Contrairement aux vernis qui imperméabilisent une surface, les huiles et les cires pénètrent profondément dans la matière, la nourrissent et surtout la laissent respirer. Elles ont pour mission de protéger, d'entretenir et d'embellir. On les recommande surtout pour les sols en bois car, une fois ciré, un parquet en bois devient résistant, se patine et donne une belle matière. Mais pour qu'il ne se salisse pas, il est préférable de passer une ou deux couches d'huile dure préalablement. Cela durcira le bois et le rendra plus élastique.

Les cires

Contrairement à ce que l'on peut imaginer, il y a une très grande différence entre une cire classique achetée au rayon entretien du supermarché et une cire dure naturelle, fabriquée à partir de cire d'abeille, de cire de carnauba (extrait des feuilles d'un palmier d'Amérique du Sud) et d'agrumes. Plus épaisse et plus riche, elle s'imprègne bien dans la matière. Généralement, une seule couche suffit. Le mieux est de la passer à la main pour bien l'étaler. On la laisse sécher de 12 à 24 heures, selon le climat, avant de la polisser avec une cireuse si l'on veut faire briller.
Pour les meubles ou les boiseries, si l'on veut juste redonner un coup d'éclat et raviver l'aspect naturel, il est préférable d'utiliser simplement un baume à la cire d'abeille.
On peut se procurer ces produits dans les magasins de matériaux et produits biologiques pour le bâtiment (voir *Carnet d'adresses*).

Cirer un parquet n'a pas qu'un intérêt esthétique : la cire, mais aussi certaines huiles, protègent et nourrissent le bois.

Les huiles

On peut avoir recours à des produits entièrement naturels. Une huile dure est composée d'huile de lin, d'huile de bois, de résines naturelles (pin, dammar, coumarone…) et de siccatifs sans plomb (linoléat de cobalt, octoates de calcium et de zirconium).
Cette huile est une imprégnation de finition qui peut aussi être utilisée pour des terres cuites non émaillées ou des dalles de liège pour le sol. Mais attention, elle à tendance à rehausser la couleur naturelle.

LA BONNE MÉTHODE

Plusieurs étapes sont nécessaires pour passer l'huile de façon efficace.
– D'abord, vérifiez la propreté de votre support. Le bois, s'il n'est pas neuf, devra préalablement être poncé avec du papier de verre à grain fin. S'il s'agit d'un bois tropical ou de vielles terres cuites déjà recouvertes de cire, vous pouvez utiliser un distillat d'agrumes pour dégraisser la surface.
– Ensuite, il faut étaler une première couche d'huile. Pour qu'elle pénètre plus profondément, on peut la faire chauffer à 80° et laisser reposer un quart d'heure avant de polir avec une meuleuse ou un papier émeri très fin mouillé, toujours dans le sens des fibres du bois.
– Après avoir laissé la première couche sécher 6 à 8 heures, vous pouvez passer une deuxième couche et attendre entre 10 et 12 heures pour passer la cire.

LES REVÊTEMENTS DE MUR

Peintures, pigments, enduits naturels : les professionnels du bâtiment proposent désormais de nombreuses solutions pour recouvrir les murs en associant résistance au temps, charme des finitions et respect de l'environnement.

LES PEINTURES

La peinture est le revêtement de mur le plus utilisé, car elle est très pratique et offre de belles possibilités décoratives. Mais elle est aussi très souvent dénigrée car polluante qu'elle engendre. Est-ce justifié ? Tout dépend de la peinture dont on parle. Il en existe deux catégories :

■ *Les peintures organiques, les plus répandues (acrylique, vinylique, époxydique...), sont dérivées de produits pétrochimiques. Il en existe deux types :*

- les peintures à l'eau ;
- les peintures avec solvants.

• **Les peintures à l'eau**, de plus en plus utilisées depuis les années 1970, sont moins dangereuses. Mais elles utilisent quand même des solvants chimiques (éthers de glycols).

• **Les peintures avec solvants** sont très polluantes. Les solvants utilisés (toluène, xylène, éthylbenzène, alcools, hydrocarbures chlorés...) sont particulièrement néfastes pour la santé. Malheureusement, la France reste l'un des derniers pays européen gros consommateur de ces peintures alors que certains pays, comme l'Allemagne, les ont totalement abandonnées. Des directives européennes devraient d'ailleurs bientôt les interdire définitivement.

■ *Les peintures minérales*, à base de matière minérale naturelle, sont peu connues en France mais très utilisées en Allemagne, en Suisse, en Autriche et dans les pays scandinaves et anglo-saxons.

Elles sont à la fois les plus écologiques et les moins dangereuses pour la santé. Là aussi, il en existe deux types :

- les peintures à base de chaux ;
- les peintures au silicate.

Chez les marchands de matériaux spécialisés en bio-construction, on trouve une large palette de peintures minérales et de pigments naturels.

• **Les plus anciennes peintures étaient déjà fabriquées avec de la chaux**, un liant obtenu en cuisant de la roche calcaire à très haute température. On peut fabriquer soi-même un badigeon en mélangeant de la chaux neutre avec des pigments naturels (voir p. 77).
Mais on peut aussi acheter de la peinture à la chaux prête à l'emploi. Certaines sont entièrement naturelles, composées uniquement de carbonate de calcium, de gomme arabique et de pigments. D'autres sont fabriquées avec un minimum de liant organique, comme de l'acrylique. Ou encore avec de la caséine, un liant naturel extrait du lait par acidification.
Dans toutes les peintures minérales, les produits pétrochimiques sont limités à 5 % comme l'exige la norme AFNOR NFT 30808.

• **Le deuxième type de peinture minérale est conçu à base de silicate**. Cette formule non plus ne date pas d'hier puisqu'elle fut inventée par l'Allemand Keim au siècle dernier. Sa composition est simple et très naturelle.

– D'abord, le liant est à base de silicate de potassium.

– Ensuite, on trouve ce que l'on appelle les charges, c'est-à-dire des poudres minérales (talc, kaolin, ardoise, craie, mica...) utilisées dans les liants de toutes les peintures.

– Enfin, il y a les pigments qui donnent la couleur. Ils sont naturels, fabriqués à base de terre (ocre, terre de sienne), d'oxydes de métaux ou de végétaux.

Ces peintures minérales aux silicates présentent de nombreux avantages :

– Elles sont très écologiques et dégagent peu d'émissions polluantes comme des composés organiques volatils. Un éco-bilan réalisé par les peintures Keim en Allemagne a prouvé que les peintures minérales étaient beaucoup plus économiques et respectueuses de l'environnement que les peintures organiques.

– Elles sont incombustibles, c'est-à-dire qu'elles ne peuvent absolument pas brûler. Pour la petite histoire, il faut savoir que le métro de Londres est désormais repeint avec des peintures au silicate depuis qu'un incendie, il y a quelques années, a provoqué de nombreux décès à cause des vapeurs toxiques rejetées par les peintures organiques classiques.

– Elles sont très résistantes. C'est d'ailleurs la raison pour laquelle on les utilise beaucoup dans la restauration des monuments historiques. Insensibles aux ultraviolets, les pigments utilisés gardent leurs couleurs dans le temps, contrairement aux colorants des peintures organiques qui se dégradent à la lumière.

Les peintures minérales à base de silicate respectent l'environnement et offrent les mêmes qualités esthétiques que les peintures classiques, malgré leur aspect mat.

La France est un des rares pays où l'on utilise encore des peintures à base de solvants toxiques et dangereux pour la santé. Mieux vaut privilégier les peintures à l'eau et minérales.

– Enfin, une peinture minérale est très microporeuse. C'est donc un produit très hygiénique, qui respire et évacue l'humidité facilement dans une pièce.

Avec autant d'atouts, pourquoi ces peintures minérales naturelles ne sont-elles pas plus répandues que les peintures chimiques ? En France, c'est d'abord par manque d'information qu'elles sont peu utilisées.

Elles ont aussi quelques inconvénients :

– La peinture au silicate ne s'applique pas sur le bois, le métal ou le plastique. Pour le bois, on pourra utiliser une laque, une lasure ou une peinture à base d'huile de lin.

– Le temps de séchage entre deux couches est souvent plus lent.

– D'aspect mat, la peinture minérale s'entretient plus difficilement qu'une peinture organique. Elle se lessive moins bien mais se salit aussi moins vite car elle n'attire pas la poussière (pas d'effet électrostatique lié aux composés organiques).

LES PIGMENTS NATURELS

Ils peuvent apporter une touche de couleur essentielle pour égayer les murs d'une pièce, d'une façade, ou simplement mettre en valeur les ouvertures de la maison (volets, portes...). Leur utilisation remonte à la nuit des temps. On le sait grâce aux peintures préhistoriques, dont les fresques magnifiques étaient souvent polychromes et faisaient appel aux ocres. Au fil des siècles, l'homme n'a cessé d'enrichir la palette de couleurs. Six mille ans avant les Grecs, les Égyptiens utilisaient déjà sept types de pigments : le noir (charbon de bois, os calciné...), le blanc (plâtre, sulfate de calcium, gypse...), le vert (extrait du cuivre), le bleu (mélange de limaille de cuivre, de fleurs et de sable) puis le rouge, le jaune et le brun (issus de diverses terres). Les Grecs, les Romains, puis les peintres médiévaux plus tard, utilisèrent d'autres pigments comme le rouge vermillon issu du plomb, le vert de Vérone, le blanc de céruse, et tous ceux tirés du soufre, de l'arsenic, les laques végétales et animales.

...pour le plus grand bonheur des artisans qui savent les utiliser en réalisant des enduits ou des peintures à base de chaux.

On exploite encore des carrières d'ocre en Bourgogne (région de la Puisaye), dans le Vaucluse et dans les Ardennes...

D'autres innovations majeures apparurent à la fin du XVIIIe siècle à partir de métaux : le blanc de zinc, le bleu de cobalt, le jaune de cadmium ou encore les oxydes de chrome.

Il existe aujourd'hui une grande quantité de pigments (plus d'une centaine de teintes) que l'on peut mélanger à de la peinture blanche ou à un badigeon à la chaux pour créer une couleur « aquarellée » unique qui à l'avantage d'être très résistante aux aléas climatiques et aux années.

Beaucoup de ces pigments sont issus de minéraux naturels que l'on appelle « terres » ou « ocres ». Ce sont en réalité des oxydes de fer fixés sur des éléments proches de l'argile. L'un des plus célèbres, connu pour la beauté des enduits des maisons italiennes, est la terre de Sienne… qui n'est d'ailleurs pas une terre venue de Sienne en Toscane. Sa tonalité, qui varie du jaune au brun, est donnée par le peroxyde de fer. On trouve également la terre verte, composée de silicates et de sels de fers, la terre d'ombre, et les ocres du jaune de Puisaye au rouge vénitien en passant par le marron et l'abricot. Dans le département du Vaucluse, dans le sud de la France, se trouvent les plus beaux gisements d'ocres au monde. On en trouve également de magnifiques en Puisaye, dans la Nièvre.
Ces terres sont souvent utilisées dans les restaurations de fresques pour leur qualité de résistance à la lumière car elles ont l'avantage de ne pas pâlir au cours des années contrairement aux colorants chimiques. D'autre part, il est recommandé de s'en servir pour teinter le bois car les ocres le rendent imputrescible.
Précisons aussi que tous ces pigments donnent naissance à des teintes pures, franches et sublimes. Certes, les ocres ont un pouvoir colorant moindre que celui des oxydes, mais leurs teintes sont lumineuses et l'on peut composer des couleurs en réalisant des mélanges à sec, alors que les oxydes peuvent légèrement changer de couleur avec la chaux.
Enfin, saluons le grand retour du bleu pastel, très utilisé dans le sud-ouest de la France. Pendant près d'un siècle ce magnifique pigment, extrait des feuilles d'une belle fleur jaune, assura la richesse de la région entre Toulouse et Albi. D'ailleurs, c'est de là que vient l'expression « pays de Cocagne », puisqu'en occitan, les fameuses boules de pastel s'appelaient cocanhes. Aujourd'hui, le bleu de pastel est à nouveau fabriqué en grande quantité. Ces pigments, comme les ocres de Roussillon, offrent de magnifiques couleurs pour teinter les enduits et les peintures.

Les pigments ont l'avantage de pouvoir être dilués ou mélangés ensemble et de constituer ainsi une palette de couleurs infinie.

POUR DÉCOUVRIR LES PIGMENTS

Pour découvrir l'une des plus belles collections de pigments et apprendre leur utilisation et leur composition, rendez-vous à la maison Sennelier, à Paris. Depuis plus d'un siècle, de génération en génération, l'établissement a su conserver un savoir-faire et un catalogue exceptionnels (voir *Carnet d'adresses*).

LES ENDUITS À LA CHAUX

Réaliser un enduit sur un mur à deux intérêts principaux : la décoration et la protection. Sur une façade ou dans une pièce, l'enduit est l'élément qui met le plus en valeur les volumes. Il se voit beaucoup et remplit donc une fonction esthétique fondamentale. Il sert aussi à protéger des intempéries, en empêchant notamment la pénétration de l'eau dans les murs.
En règle générale un enduit est composé d'un liant (chaux, plâtre, ciment, terre…),

RÉALISER UN ENDUIT À LA CHAUX

Une fois que l'on a tenu compte des conseils de préparation, il faut veiller à la réalisation. Selon la nature du support, on peut réaliser plusieurs couches d'enduit. Chaque couche a une fonction et un dosage spécifiques.

- La 1re couche d'accrochage, que l'on nomme gobetis, est un mortier fluide que l'on projette à la main. D'une épaisseur de 5 à 10 mm, elle adhère facilement au mur et sert de support à la 2e couche.
  - Sur un mur ancien, on mélangera 1 volume de chaux (2/3 de chaux hydraulique et 1/3 de chaux aérienne), et 2 volumes de sable de rivière.
  - Si le mur à du relief, si la pierre est poreuse et permet à l'enduit de bien se fixer, il n'est pas toujours nécessaire de passer un gobetis.

- La 2e couche, le corps d'enduit, donne la forme et assure l'isolation et l'imperméabilité du support.
  Compact, homogène, le mélange est moins riche que le gobetis et l'épaisseur varie de 15 à 20 mm.
  - Il se compose d'1 volume de chaux (3/4 de chaux hydraulique et 1/4 de chaux aérienne) pour 3 volumes de sable.

- Enfin, la couche de finition (de 6 à 8 mm d'épaisseur) protège des intempéries, du gel, et apporte la coloration définitive. Pour ce dernier enduit, il faut mélanger 1 volume de chaux aérienne et 4 volumes de sable.

L'application peut se faire de différentes manières. Selon l'aspect que l'on veut obtenir, lissé ou feutré, on pourra le jeter à la truelle ou l'appliquer au platoire. Pour le rendre bien lisse et compact, on le frottera à l'aide d'une taloche juste après la prise.

Attention, tous ces dosages sont donnés à titre indicatif ! En fait, ils dépendront aussi de la qualité du sable et du support. C'est la raison pour laquelle il est préférable de faire des essais.

Quoi qu'il en soit, deux règles sont à retenir :

– plus le mur est dur (pierre granitique, par exemple), plus l'enduit doit être réalisé avec de la chaux hydraulique ;

– les enduits de finition sont toujours fabriqués avec de la chaux aérienne.

d'eau, d'agrégats (sable, chanvre, lin, paille…) et de différents adjuvants pour améliorer sa tenue dans le temps et son étanchéité. Parmi ces adjuvants, on peut retrouver des fixatifs (alun de potasse), des agents mouillants (vinaigre, résines, savon) et des stabilisants (caséine, cire).

QUEL TYPE D'ENDUIT RÉALISER ?

Après la Première Guerre mondiale et surtout à partir de 1945, on a vu se multiplier les mortiers et les enduits à base de ciment, car la prise était plus rapide. Une véritable marée grise a déferlé dans toutes les campagnes et les villes. Les maisons et les immeubles se sont soudainement recouverts d'enduits de ciments gris, froids et lisses. Or, c'était oublier tous les avantages des enduits à la chaux que l'on redécouvre et réutilise de plus en plus depuis le début des années 1990.

Les enduits à la chaux de couleurs vives se multiplient. Cependant, la couleur naturelle du sable reste celle qui s'intègre le mieux à l'environnement.

■ *Premier avantage*, l'enduit à la chaux permet aux murs de « respirer » (imperméable à l'eau et perméable à la vapeur d'eau), c'est-à-dire d'expulser l'humidité contenue dans la maçonnerie, tout en protégeant des intempéries.

■ *Deuxième avantage*, la chaux a des vertus isolantes, surtout si on incorpore dans l'enduit des particules de lin ou de chanvre. À l'inverse, le ciment renferme l'humidité et transforme les murs en parois froides, ce qui rend difficile le chauffage d'une maison et crée un climat intérieur malsain.

■ *Troisième avantage*, l'enduit à la chaux assainit l'atmosphère grâce à ses vertus bactéricides et se prête à maintes utilisations pour donner du cachet à une pièce ou à une façade sur le plan décoratif.

■ *Quatrième avantage*, il s'adapte bien sur tous les supports et bénéficie d'une bonne élasticité, ce qui limite les fissures. Enfin, l'enduit à la chaux est résistant et vieillit très bien, et le jour où l'on veut le changer, il n'est pas nécessaire d'avoir recours à un marteau-piqueur pour le retirer, contrairement à un enduit au ciment.

Comment réussir son enduit à la chaux ?

■ *Pour réaliser un bon enduit, il faut :*

– bien identifier et préparer le support. Il doit être propre, plat et les aspérités du mur doivent être comblées pour avoir des couches d'enduit relativement égales ;

– bien humidifier le mur pour éviter qu'il ne pompe trop l'eau contenue dans l'enduit. Un arrosage est recommandé la veille et quelques heures avant de passer l'enduit. Cela améliorera l'accroche ;

– tenir compte de la météo avant d'exécuter l'enduit. Le seul inconvénient de l'enduit à la chaux provient du temps de séchage très long (1 à 2 semaines). Il est donc déconseillé de commencer un enduit l'hiver (risque de gel) ou lorsqu'il fait très chaud (séchage trop rapide). Les meilleures saisons sont l'automne ou le printemps.

– porter une attention particulière à la nature du sable pour réaliser le bon dosage d'un enduit. Il doit être absolument propre, c'est-à-dire sans éléments organiques (terre, pourriture, feuilles, excréments…). Dans le cas contraire, s'il est resté trop longtemps dehors, il faudra le laver.

■ *Il existe deux catégories de sable :*

– le sable de rivière ;

– le sable de carrière.

La chaux est le meilleur liant pour réaliser des enduits sur les bâtisses anciennes, on redécouvre aujourd'hui ses grandes qualités pour les constructions modernes.

Mieux vaut privilégier le sable de rivière car les grains sont ronds et comblent plus facilement les espaces.
À l'inverse, le sable de carrière, souvent broyé et anguleux, laisse des vides entre les grains. Il faut donc une quantité de chaux plus importante pour lier les grains de sable les uns aux autres, ce qui entraîne une perte de résistance mécanique. Autrement dit, un sable de rivière permet de réaliser des enduits plus résistants et plus compacts.

Quelle granulométrie faut-il choisir ? Plus l'enduit est épais, plus les grains de sable devront être gros. En règle générale, on considère que l'enduit ne doit pas dépasser trois fois la taille des grains de sable : par exemple, un sable de 0,5 mm est utilisé pour un enduit d'une épaisseur de 1,5 cm. Les grains de sable trop fins (inférieurs à 1 mm) ou trop gros (supérieurs à 5 mm) sont à proscrire car ils provoquent des fissures ou fragilisent l'enduit en laissant passer l'humidité.

LES BADIGEONS À LA CHAUX

Le retour des badigeons

Pendant des siècles, avant l'apparition des peintures, on utilisait de la chaux éteinte mélangée avec environ deux parts d'eau pour badigeonner les murs à l'extérieur et à l'intérieur des maisons. Il s'agissait du chaulage. Cette préparation blanchâtre avait des vertus bactéricides et permettait donc de désinfecter les murs (bactéries, larves…) et d'éloigner les insectes. Elle servait également à protéger les enduits des intempéries.
Puis, au fil du temps, cette pratique a donné naissance à des badigeons colorés, des teintes vives ou pastel, qui servaient aussi bien à décorer les maisons qu'à boucher les microfissures d'un mur pour en atténuer les irrégularités et rattraper les défauts d'aspect (mauvaise dispersion des pigments, gâchage, traces sur le mur…).
Simples à réaliser, économiques, les badigeons à la chaux s'appliquent aussi bien sur les façades qu'à l'intérieur car ils résistent bien à l'humidité et aux variations climatiques. Mais avant de recouvrir définitivement un mur, il est préférable d'effectuer des essais. Car un badigeon mouillé paraît toujours beaucoup plus foncé qu'il ne l'est une fois sec.

QUELQUES CONSEILS

L'ordre à respecter pour effectuer un badigeon :

1) l'eau ;
2) l'agent mouillant ;
3) les pigments et les adjuvants ;
4) la chaux.

Il faut bien noter les dosages effectués lors des essais pour être certain d'utiliser toujours le même volume de pigments.

Enfin, si l'on veut éviter de faire soi-même les dosages, il existe des badigeons prêts à l'emploi, qu'il suffit de diluer avec de l'eau avant de badigeonner sur les murs.

Inconvénient : ce type de badigeon n'est pas très bon marché et ne permet pas d'obtenir la couleur idéale que l'on peut réaliser en faisant soi-même les mélanges.

Le badigeon à la chaux était à l'origine utilisé pour assainir l'atmosphère d'une pièce (élimination des salissures, moisissures, bactéries…) et protéger les murs. On reconnaît désormais ses qualités esthétiques.

■ *Préparer le support*

– Le mur doit être propre et légèrement humide au moment d'appliquer le badigeon pour éviter le phénomène de farinage.

– Si le support (de préférence du plâtre ou de la chaux) est ancien, il est conseillé de passer d'abord un badigeon blanc et ensuite deux couches colorées à une demi-journée d'intervalle.

– Sensibles aux variations climatiques, les badigeons à la chaux doivent s'appliquer à une température comprise entre 5 et 30°, à l'aide d'une brosse large en soie de porc et non en Nylon, car les fils de soie sont creux et s'imbibent du badigeon. Il faut peindre en couche croisée (verticale puis horizontale) en terminant verticalement.

Comment bien préparer son badigeon

On utilise toujours le terme générique « badigeon » pour définir une « peinture » à base de chaux aérienne, mais selon la coloration souhaitée et l'état du mur, on peut réaliser différents mélanges qui n'auront pas la même fonction.

■ *On dénombre quatre préparations :*

– La colature sert à masquer les défauts de l'enduit et à boucher des microfissures. On obtient cette préparation épaisse en mélangeant 1 volume d'eau pour 1 volume de chaux aérienne (CL 90). Une fois la colature appliquée, il faut lisser les murs pour leur donner un aspect glacé, très fin. Et l'enduit ressemblera à un miroir.

– Ensuite, on trouve le fameux badigeon dont la fonction principale consiste à protéger les enduits, surtout à l'extérieur. Pour l'obtenir, il faut mélanger 1 volume de chaux aérienne à 2 volumes d'eau.

– Le troisième mélange, très fluide, est une eau forte qui peut s'appliquer après le badigeon ou la colature. L'eau forte permet de réaliser des effets de transparence : on distinguera toujours la teinte principale du badigeon, mais on peut jouer sur des variations de couleurs pour donner un aspect moins homogène. L'eau forte s'obtient en mélangeant 1 volume de chaux aérienne à 5 volumes d'eau.

– Enfin, la dernière préparation est la patine. Comme son nom l'indique, elle donne un aspect de vieillissement à l'enduit. La patine peut s'appliquer après le badigeon et l'eau forte, toujours avec une brosse en soie de porc. Et pour lui donner un effet particulier, il suffit de l'essuyer avec une éponge. Pour l'obtenir, mélanger 1 volume de chaux pour 20 volumes d'eau.

L'UTILISATION DES PIGMENTS EST PROPORTIONNELLE AU POIDS DU LIANT

- Un badigeon sature à 20 % et stabilise jusqu'à 10 %.
- Une eau forte sature à 60 % et stabilise jusqu'à 5 %.
- Une patine sature à 100 % et stabilise jusqu'à 1 %.

■ *En résumé, ces quatre préparations ont deux fonctions principales :*

– la colature et le badigeon transforment à la fois la texture et la couleur de l'enduit;

– l'eau forte et la patine permettent de conserver la texture de l'enduit, tout en modifiant sa couleur.

■ *Une fois ces mélanges réalisés*, il faut y incorporer des adjuvants pour améliorer le pouvoir colorant des pigments, rendre le mélange plus homogène et faire en sorte qu'il se fixe mieux sur son support.

Le premier adjuvant est le rétenteur d'eau, que l'on utilise pour gélifier l'eau et faire en sorte que le badigeon s'applique correctement sur le mur. Pour cela, on peut utiliser de la colle à papier peint (Métylan), ajoutant jusqu'à 3 % du volume de chaux dans le mélange si le mur est sec. S'il est humide, on n'en utilisera quasiment pas. Ensuite, pour permettre aux pigments de se dissoudre dans le badigeon, il est utile d'ajouter un agent mouillant (du Teepol ou du savon noir, par exemple) à raison de 5 ml par seau de 10 l (0,05 % du poids du liant). Enfin, il faut faire appel à un fixateur (du Rodocim fabriqué par Sika ou du Caparol) pour stabiliser les couleurs et éviter leur saturation. Selon la préparation, on ajoutera du fixateur jusqu'à 3 % du poids du pigment.

L'INSTALLATION ÉLECTRIQUE

De l'ampoule écologique aux panneaux solaires de nombreuses techniques existent aujourd'hui qui permettent de faire des économies d'énergie et de limiter la pollution.

SOLAIRE, VENT, EAU OU NUCLÉAIRE ?

L'ensemble du territoire français bénéficie d'un excellent réseau électrique. Peu d'habitations, excepté dans les régions de montagne, se trouvent à une grande distance d'un transformateur ou d'un pylône électrique. De ce fait, une maison aura rarement recours à des modes alternatifs de production d'électricité pour assurer son autonomie. En effet, l'électricité solaire photovoltaïque coûte encore très cher. De même, les petites éoliennes ou les microturbines hydroélectriques sont rentables pour des habitations relativement importantes et isolées. Elles doivent en plus bénéficier de sites favorables, avec beaucoup de vent ou un cours d'eau à proximité.

Cette maison utilise les énergies solaire et éolienne pour le chauffage et l'électricité, ce qui représente un fort investissement de départ mais permet de vivre en autarcie.

Dans l'habitat individuel, l'énergie solaire est rentable si elle est utilisée pour l'eau chaude et le chauffage, comme c'est le cas le plus souvent.

Néanmoins, ces technologies, encore peu fiables il y a quelques années, sont aujourd'hui très performantes et le seront encore plus à l'avenir. Notamment parce qu'elles font appel à des sources d'énergie gratuites, renouvelables et non polluantes. Ce qui n'est pas le cas du nucléaire, dont les déchets demeurent un véritable casse-tête dans le monde entier.
Ainsi, pour ceux qui ont les moyens de réaliser un investissement important et dont les

Encore très onéreux, les panneaux photovoltaïques utilisés pour fabriquer de l'électricité à partir du soleil bénéficient parfois de subventions. Cette source d'énergie renouvelable ne rejette aucun gaz à effet de serre.

convictions écologiques sont fortes, les énergies éolienne, solaire ou microhydraulique représentent une garantie sérieuse à long terme. D'autre part, certains propriétaires sont prêts à réaliser un gros investissement pour obtenir une autonomie énergétique complète. Ne rien devoir à personne reste le rêve de beaucoup d'individus. Or, la maison entièrement autonome est techniquement réalisable (récupération d'eau de pluie, chauffage solaire ou géothermique...).
Une chose est sûre : il ne faut pas négliger les énergies renouvelables pour les grosses habitations et les endroits isolés.
L'Observatoire des énergies renouvelables ou l'Agence française de l'environnement et de la maîtrise de l'énergie (voir *Carnet d'adresses*) peuvent être très utiles pour étudier les meilleures solutions et aider à la décision.

LAMPES ÉCOLOGIQUES ET ÉCONOMIQUES

Beaucoup moins utilisées en France qu'en Allemagne, en Scandinavie, ou aux Pays-Bas, les lampes à basse consommation d'énergie (aussi appelées fluocompactes) présentent pourtant l'avantage d'être beaucoup plus économiques que les classiques lampes à incandescence.

■ *Prenons l'exemple d'une ampoule fluocompacte de 20 W comparée à une ampoule classique de 100 W :*

- elle dure quinze fois plus longtemps ;
- elle consomme cinq fois moins d'énergie ;
- elle éclaire autant ;
- elle chauffe presque moitié moins.

Certes, l'ampoule fluocompacte revient plus cher à l'achat. Mais sur sa durée de vie totale, soit environ 12000 heures, une seule ampoule fluocompacte permet d'économiser 1000 kWh d'énergie, soit 700 francs (pour un prix de l'énergie de 0,70 F TTC/kWh)*. Par la même occasion, on évite de brûler 210 l de fioul ou de stocker 150 cm³ de déchets nucléaires... multipliés par des millions de foyers, la pollution évitée est loin d'être négligeable !

* Calcul réalisé par Thierry Salomon et Stéphane Bedel dans leur ouvrage La Maison des négawatts (voir *Bibliographie*).

Le seul défaut des ampoules fluocompactes concerne leur fabrication. À l'instar des fameux néons (les tubes fluorescents ont donné naissance aux ampoules à basse consommation), elles contiennent du mercure, très toxique pour l'homme et l'environnement. En fin de vie, il est donc indispensable de ne pas les briser, ni de les jeter à la poubelle, mais plutôt de les transporter dans une déchetterie.

IMPACT DES CHAMPS ÉLECTROMAGNÉTIQUES SUR LA SANTÉ

On accuse régulièrement les lignes haute tension et divers appareils électriques présents dans notre vie quotidienne de nuire à notre santé. Quels sont les risques réels ?
Depuis 50 ans, les sources d'émission des ondes électromagnétiques n'ont cessé de se multiplier. Un phénomène lié en particulier au développement des activités industrielles qui nécessitent des réseaux électriques toujours plus importants.
En France, les lignes très haute tension (400 et 225 kW) sont passées d'une longueur de 4900 km en 1948 à 47000 km en 1998. Et les lignes moyenne tension

(15 et 20 kW) parcourent 563 900 km, soit 15 fois la circonférence de la Terre ! Mais il y a aussi la multiplication des appareils électriques, présents partout dans notre vie quotidienne, chez soi ou au bureau, du rasoir électrique à l'ordinateur en passant par la télévision et l'électroménager.
Or, à l'instar des radiations nucléaires, les champs électromagnétiques de basse fréquence (CEM) sont de véritables fantômes. Impossible de les voir, de les sentir, même si l'on baigne dedans à longueur de journée. D'où la question que se pose la communauté scientifique depuis plus de 30 ans : Oui ou non, ces champs électromagnétiques perturbent-ils l'organisme humain ? Et si oui, quels sont les risques exacts sur la santé humaine ?
Les scientifiques russes furent les premiers à s'intéresser de près au problème dès la fin des années 1950. Mais c'est une étude épidémiologique américaine de 1979 qui mit le feu aux poudres. À cette époque, l'Américaine Nancy Wertheimer constate que le risque de leucémies, lymphomes et tumeurs du système nerveux est deux à trois fois plus important chez les enfants de moins de 19 ans vivant à côté des lignes électriques ou des transformateurs et exposés à des champs électromagnétiques de plus de 2,5 milligauss (mG). Depuis, plus d'une centaine d'études épidémiologiques ont été réalisées.

Si beaucoup d'incertitudes demeurent quant aux conséquences des champs électromagnétiques sur la santé, une chose est sûre : les lignes haute tension ne sont pas sans danger pour l'organisme.

Dans presque tous les cas, lorsqu'une étude confirme un résultat, une autre l'infirme aussitôt. Des lacunes méthodologiques rendent souvent les conclusions contestables. L'Institut national de la santé et de la recherche médicale (INSERM) résumait bien la situation en 1993 : « Les résultats épidémiologiques actuellement disponibles ne permettent pas d'exclure un rôle des champs magnétiques dans l'apparition de leucémies, en particulier chez l'enfant. Mais de nouvelles investigations sont nécessaires pour confirmer ou infirmer ce rôle. »
Une grande étude américaine parue dans le *New England Journal of Medicine* du 3 juillet 1997 semblait mettre fin à la polémique après 18 ans d'incertitude. Conclusion : les lignes à haute tension ne provoquent pas de leucémies. Mais les effets sont-ils sans risques pour autant ? Non, car les personnes vivant sous les lignes haute tension se plaignent de beaucoup d'autres symptômes : fatigue, irritabilité, perte de sommeil, troubles de la libido… « On rend les champs électromagnétiques responsables des effets les plus divers », reconnaît l'Organisation mondiale de la santé (OMS).
En réponse à ces craintes du public, que partagent de nombreux gouvernements, l'OMS a lancé un projet international pour évaluer les effets biologiques et les risques sanitaires éventuels de l'exposition aux champs électromagnétiques. Depuis 1996, plus de 40 pays et 6 organisations internationales participent à ce projet.
Faut-il attendre encore de nouveaux résultats scientifiques avant d'agir ? D'ores et déjà, le principe de précaution peut s'appliquer : certains pays, comme la Suède ou les États-Unis, obligent à ne pas construire à proximité des lignes à haute tension.
À l'intérieur de la maison, des mesures peuvent également permettre de réaliser une installation qui limite au maximum les champs électromagnétiques.

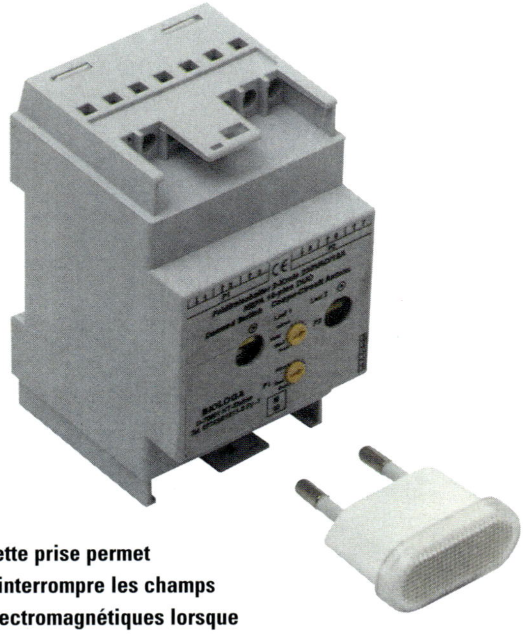

Cette prise permet d'interrompre les champs électromagnétiques lorsque les appareils électriques ne sont pas en service.

RÉUSSIR SON INSTALLATION ÉLECTRIQUE

Avant de vouloir réduire l'impact des champs électromagnétiques sur la santé, il faut d'abord réaliser une installation électrique conforme aux normes en vigueur.
Un court-circuit et un incendie sont vite arrivés. Sans compter les accidents corporels, surtout chez les enfants. Par conséquent, si vous acquérez une maison ancienne ou si votre installation électrique a plus de 30 ans, n'hésitez pas à faire appel à un électricien.

■ *On peut profiter des travaux pour réduire l'impact des champs électromagnétiques. Trois solutions sont envisageables :*

– La solution la moins coûteuse consiste à réaliser un plan électrique qui éloigne au maximum les ondes électromagnétiques des endroits les plus fréquentés par les habitants. Première chose : éviter les longs parcours de distribution en choisissant le meilleur emplacement pour le tableau de répartition. Il faut implanter les câbles électriques en épi et faire en sorte qu'ils longent les murs plutôt que de traverser les pièces au milieu. Dans les chambres, mieux vaut limiter les circuits électriques à proximité du lit, sans pour autant éliminer toutes les prises car une lampe de chevet branchée mais éteinte ne génère qu'un champ électrique dont l'intensité reste très faible. Le champ magnétique ne se déclenche que si la lampe reste allumée. Pour cette raison, mieux vaut éloigner ou bannir les réveils électriques.

– Si l'on souhaite vraiment couper tous les champs électriques dans les chambres à coucher pendant le sommeil (c'est à ce moment qu'ils sont susceptibles de perturber le plus l'organisme), il est possible d'utiliser un interrupteur automatique de champs.
Il s'agit d'un relais électronique qui coupe automatiquement le circuit au tableau. Seul un courant de contrôle inférieur à 10 volts en continu subsiste sur la ligne pour la réactiver en cas de demande. De même, on pourra utiliser des fils blindés plutôt que des fils électriques standards. Ils protègent des champs électriques mais sont plus onéreux et nécessitent des sections de gaine plus volumineuses (voir *Carnet d'adresses*).

– Enfin, la meilleure solution reste tout simplement de s'éloigner suffisamment de certains appareils. En général, l'équipement qui consomme beaucoup de courant (supérieur à 1 000 W), génère des champs magnétiques intenses. Par exemple, mieux vaut éviter les plaques de cuisson à induction ou les couvertures chauffantes. Les petits transformateurs livrés avec de nombreux appareils peuvent émettre des champs magnétiques jusqu'à 1 m. Pour la télévision, il faut se tenir à une distance raisonnable de l'écran – ne serait-ce que pour préserver ses yeux – qui correspond à environ 5 fois la diagonale de l'écran. Quant aux ordinateurs, les dernières générations d'écran émettent beaucoup moins d'ondes. Les écrans plats, à cristaux liquides, sont les moins nocifs.

LA SÉCURITÉ AVANT TOUT

Une bonne installation électrique n'a rien de superflu, et pourtant, neuf millions de logements en France ne répondent toujours pas aux normes élémentaires de sécurité. Dans l'habitat ancien, les installations sont bien souvent obsolètes : pas de prise de terre, tableau électrique vétuste, interrupteurs dangereux, prises surchargées...

LA DISTRIBUTION DE L'EAU

Et si l'eau potable venait un jour à manquer ? Pour tous ceux qui ont l'habitude d'ouvrir le robinet pour voir l'eau couler à flot, cette question paraît saugrenue. Pourtant, la réserve en eau dans le monde est très limitée. Seulement 0,6 % des ressources sont aujourd'hui utilisables pour la consommation humaine. Cette eau, indispensable à la vie, est de plus très mal répartie puisque seulement 10 pays possèdent 60 % des ressources !

Il y a fort à parier qu'au cours du XXIe siècle, l'or bleu sera encore plus convoité par l'ensemble de l'humanité que l'or noir durant le XXe siècle. D'autant que l'eau devient de plus en plus rare. D'abord, parce que la consommation augmente. En tête des besoins, l'agriculture, qui pompe 70 % des ressources avec l'irrigation. Ensuite, parce que les sols se dégradent, se tassent et empêchent l'eau de pénétrer dans les nappes phréatiques. Résultat, l'eau ruisselle, son circuit se raccourcit et elle retourne beaucoup plus rapidement dans la mer.

Bref, les réserves en eau potable ne sont pas inépuisables. Et son prix risque d'augmenter fortement au cours des prochaines décennies. Voilà pourquoi tous les moyens sont bons pour économiser cette ressource et éviter de la gaspiller.

COMMENT RÉCUPÉRER L'EAU DE PLUIE ?

Faire des économies et protéger l'environnement, c'est possible en utilisant l'eau de pluie au quotidien. Grâce à un système de récupération qui alimente une citerne, il est aujourd'hui possible d'utiliser l'eau gratuite du ciel pour arroser son jardin, faire fonctionner les appareils électroménagers, les sanitaires, laver sa voiture… Sachez qu'un seul m^2 de jardin absorbe 60 l d'eau par an, même si la consommation reste saisonnière. Si vous avez au moins 100 m^2 de jardin, cela représente quand même 6 000 l d'eau économisés !

SYSTÈME DE RÉCUPÉRATION D'EAU DE PLUIE

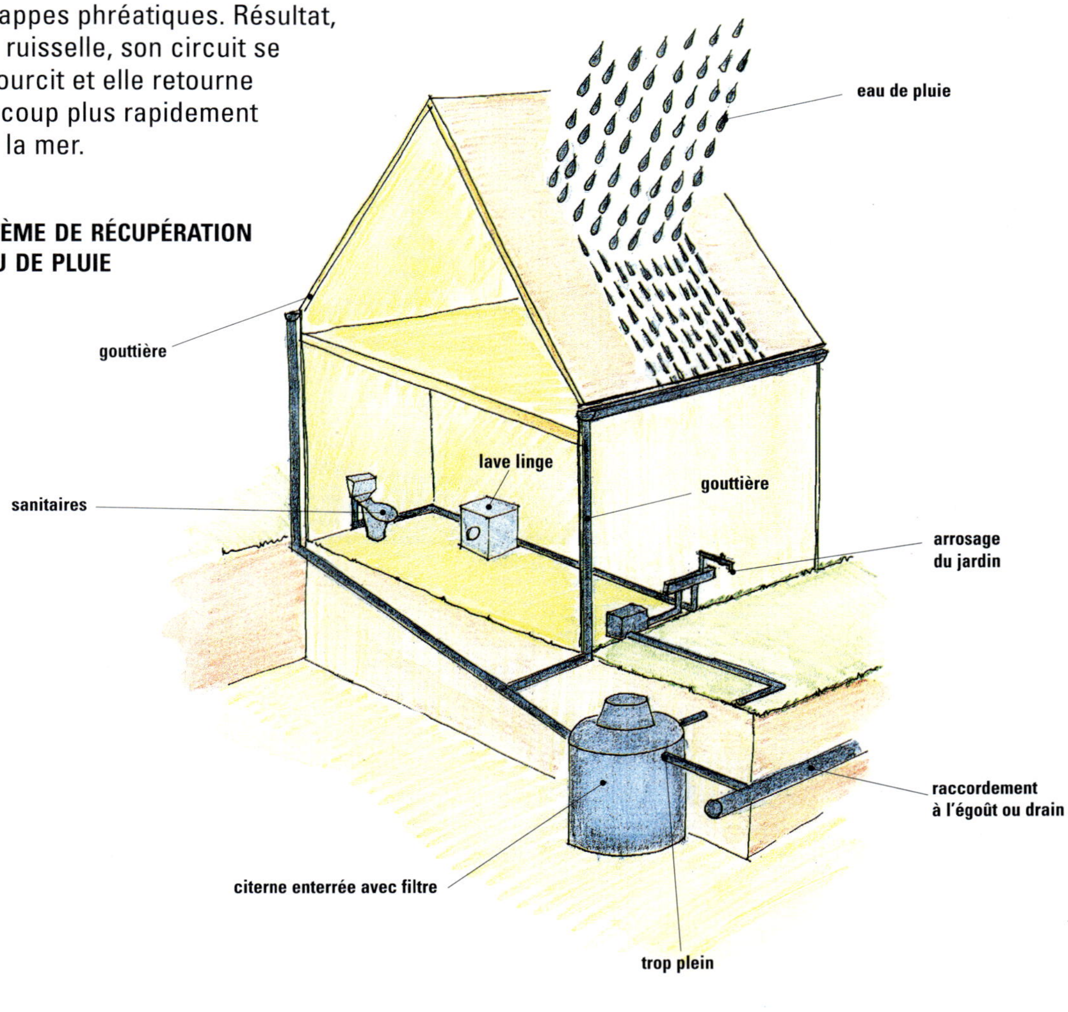

UN PRINCIPE DE FONCTIONNEMENT SIMPLE

Le principe de fonctionnement est simple : la pluie qui tombe sur la toiture de la maison est canalisée dans des gouttières qui sont reliées à une cuve en béton enterrée dans le jardin. Sous terre, cette cuve est à l'abri de la lumière et le béton assez épais permet de limiter les variations de température entre l'hiver et l'été. Ainsi, le développement de micro-algues dans l'eau est écarté. De plus, la cuve est munie d'un filtre à 400 microns autonettoyant, qui purifie l'eau. Si la capacité de stockage est dépassée, l'eau supplémentaire est dirigée dans les égouts ou s'écoule par infiltration. Ensuite, une pompe électrique permet d'acheminer l'eau de la cuve vers la maison où elle peut alimenter les sanitaires et les appareils ménagers. Si le réseau est raccordé à un osmoseur (voir p. 89), l'eau de pluie peut même se transformer en eau potable. Pour une maison individuelle de l'ordre de 100 m^2 au sol, on estime la capacité de 5000 à 7000 l. Une famille de quatre personnes peut économiser environ 70000 l d'eau potable par an... ce qui n'est pas négligeable si l'on considère que le prix de l'eau a doublé en dix ans en France !

Très utilisés dans les pays du nord de l'Europe, les systèmes fabriqués aujourd'hui pour récupérer l'eau de pluie sont fiables et efficaces. D'ailleurs, les industries, les écoles, les bâtiments administratifs, s'équipent autant, sinon plus, que les particuliers. En Allemagne, les récupérateurs d'eau sont subventionnés par l'État et une maison nouvelle sur deux en profite. En Belgique, toutes les maisons neuves sont également concernées par ce dispositif.

S'ÉQUIPER AVEC DES APPAREILS ÉCONOMES

Quatre-vingt-dix-neuf pour cent de l'eau potable que l'on consomme n'est pas bue. Elle sert pour la cuisine, la lessive ou la toilette. Et bien souvent on ne prend pas garde aux fuites sur les installations. Pourtant, un simple robinet qui goutte ou une chasse d'eau qui coule jour et nuit peuvent gaspiller jusqu'à 35000 l d'eau par an. Pour éviter ce gaspillage, il suffit d'entretenir la robinetterie et de changer régulièrement les joints (notamment le clapet, c'est-à-dire la rondelle en caoutchouc située sous le robinet). Cela coûte quelques francs et permet d'en économiser des centaines.

Autre possibilité pour baisser la consommation d'eau : réduire la pression. La plupart des robinets fonctionnent avec une pression de 3 bars, c'est-à-dire un débit d'environ 12 l/min. Or, on lave sa vaisselle, ses légumes ou ses mains tout aussi bien avec un débit de 6 à 8 l. Pour cela, il suffit de visser sur le robinet un embout qui limite et régule le débit. On peut également adapter un réducteur de pression directement sur le réseau d'eau, après le compteur. Et si on s'équipe d'un matériel neuf, il existe aussi des robinets munis d'une touche économique qui limite automatiquement le débit d'eau.
Dans le même registre, on trouve des économiseurs d'eau à brancher sur les douches. Si l'on doit opter pour un équipement neuf, on peut choisir les douches à turbulence qui propulsent davantage d'eau sur le corps malgré un débit moins important. Enfin, on peut également adapter des mitigeurs (1 seul robinet) pour obtenir plus rapidement la bonne température.
Quant aux W.-C., les fabricants sont obligés de réduire la capacité des réservoirs de 9 à 6 l depuis 1992. Mieux encore : on peut adopter une chasse d'eau avec un mécanisme à deux boutons pour avoir le choix entre 3 ou 6 l.
Une famille de quatre personnes peut ainsi économiser jusqu'à 20 l par jour.
Enfin, il ne faut pas négliger la consommation des appareils électroménagers. En 15 ans, les lave-linge et lave-vaisselle ont réduit leur consommation d'environ 40 %. Mais certains sont encore deux fois plus gourmands que d'autres. De même, certains appareils gaspillent moins d'électricité. Les écarts sont parfois si importants que l'on peut gagner le prix d'un appareil neuf en 10 ans. Alors cela vaut la peine de réfléchir en changeant d'équipement.

AMÉLIORER LA QUALITÉ DE L'EAU CHEZ SOI

Si les ressources en eau deviennent de plus en plus précieuses, c'est aussi parce que la pollution aquatique ne cesse de s'aggraver.

Certes l'industrie a réalisé des efforts considérables ces vingt dernières années pour réduire les quantités d'effluents déversées dans la nature, mais un grand chemin reste encore à parcourir. D'abord de la part des agriculteurs, dont les pratiques de culture et d'élevage intensifs se révèlent très polluantes. Ensuite de la part des particuliers, qui utilisent souvent sans précaution de grandes quantités de détergents, d'huiles, de matériaux de bricolage ou des engrais et des pesticides pour le jardin.
Résultat, les nappes phréatiques et les réserves d'eau sont très polluées dans certaines régions et les consommateurs ne bénéficient pas toujours d'eau du robinet de qualité. Ils utilisent donc des systèmes de filtres et d'adoucisseurs pour épurer l'eau.

Adoucisseur : pour rendre l'eau moins calcaire

En Europe, beaucoup de pays ont des sols calcaires. En France, dans certaines régions comme l'Île-de-France, la Touraine ou le Nord, l'eau que l'on puise dans les nappes phréatiques, les lacs ou les rivières est dure. C'est-à-dire qu'elle contient des minéraux (magnésium, calcium, fer…) en grande quantité. À la longue, l'eau trop chargée en calcaire peut se révéler préjudiciable tant sur le plan du goût, de la santé que des usages domestiques.

Le calcaire est un véritable fléau pour des millions d'habitations : seulement 3 millimètres de tartre dans les canalisations font chuter le rendement du chauffage de 18 %.

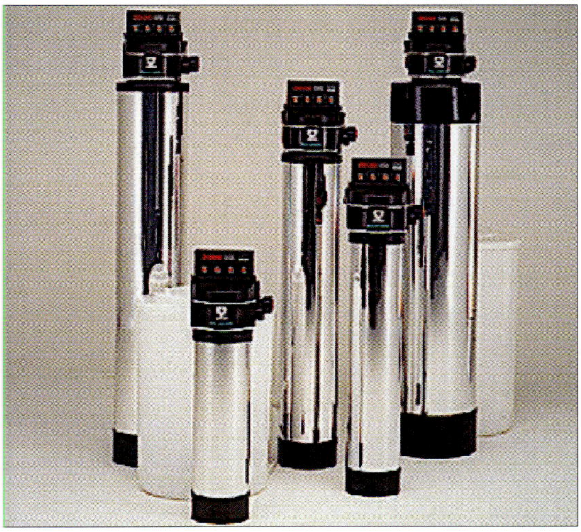

D'AUTRES SOLUTIONS

Pour ceux qui ne veulent pas s'équiper d'un osmoseur, d'autres appareils existent. Mais ils sont moins sophistiqués et n'éliminent que partiellement les polluants. En fait, leur principal atout se limite à retirer le mauvais goût de l'eau. On distingue deux catégories d'appareils : ceux que l'on branche directement sur le réseau et ceux que l'on place après le robinet. La première catégorie se trouve souvent dans les grandes surfaces de bricolage et les appareils sont livrés en kit. Au mieux, ils sont composés de deux filtres à cartouche dont l'un renferme des charbons actifs. Ces cartouches doivent être changées régulièrement pour éviter de boire une eau infestée de bactéries. Et c'est justement ce qui pose problème, car ces systèmes ne sont généralement pas équipés d'indicateur pour tester l'usure des filtres. Impossible donc de savoir si l'eau est encore épurée ou non !
Ce défaut majeur rend aussi peu efficaces les carafes avec filtres ou les appareils fixés sur le robinet. Car les notices indiquent généralement qu'il faut changer les filtres après une certaine durée d'utilisation. Mais tout dépend de la qualité de l'eau du robinet : si vous habitez en Bretagne et que l'eau contient 40 mg de nitrate par litre, les charbons actifs s'useront beaucoup plus vite que si vous habitez dans une région où l'eau est moins polluée… Et ça, rien ne l'indique !

Par exemple, le calcaire s'incruste dans les fibres des tissus, les rend rugueuses et cassantes. On estime que le linge s'use en moyenne 30 % plus vite. Les appareils électroménagers se détériorent aussi plus rapidement car l'eau dure forme des couches de tartre lorsqu'elle chauffe.
Du coup, les joints s'encrassent, les mitigeurs se coincent, les chasses d'eau se bloquent, les fuites se multiplient… Même les canalisations de chauffage ne sont pas épargnées. En s'entartrant, les radiateurs et les chauffe-eau perdent de leur efficacité et la consommation d'énergie augmente. Seulement 3 mm de tartre peuvent suffire à faire chuter le rendement du chauffage de 18 % ! Certaines canalisations sont même totalement obturées et il faut revoir toute l'installation.

Les osmoseurs individuels fonctionnent comme ceux des industries de pointe, mais en plus ils se logent sous l'évier !

remplacés par des ions sodium dont les sels sont solubles dans l'eau. En clair, on obtient une eau avec moins de calcium et plus de sodium.
Ils se branchent directement sur le réseau, juste après le compteur d'eau.
Cinquante-deux mille adoucisseurs se sont vendus en France en 1997.
Tous les particuliers ont-ils pour autant intérêt à investir dans un adoucisseur ? Non, car certaines régions ont l'avantage d'avoir un sol granitique ou schisteux et l'eau y est donc naturellement très douce. En France, c'est le cas de la Bretagne, du Massif central, du Limousin ou des Vosges. De plus, la composition de l'eau peut se révéler très différente à deux endroits peu éloignés.
Moralité : il faut impérativement effectuer une analyse d'eau avant d'installer un adoucisseur. Reste la question essentielle : à qui s'adresser ? A priori, n'importe quel plombier compétent est en mesure d'installer un adoucisseur. Mais vu la forte demande, on trouve beaucoup de constructeurs sur le marché et énormément de sous-traitants.

■ *Côté cuisine*, le calcaire fait perdre leurs saveurs aux aliments cuits à l'eau (riz, légumes, pâtes...) et altère le goût du thé, du café ou des infusions. De plus, il rend la cuisson souvent plus longue.
Enfin, pour la santé, mieux vaut ne pas abuser du calcaire. Il irrite et dessèche la peau ; après lavage, les cheveux sont moins souples.

■ *Quant à l'eau de boisson*, en France, le décret 89-3 du 3 janvier 1989 stipule qu'au-delà de 100 mg de calcium par litre, la Direction départementale des Affaires sanitaires et sociales doit informer les autorités préfectorales.
Résultat : 30 départements, et plus de 4 % de la population française, sont concernés par une eau trop calcaire.
Alors que faire ? La seule solution est d'adoucir l'eau, comme le font d'ailleurs les hôpitaux, les industries agro-alimentaires, les laboratoires pharmaceutiques... Pour les particuliers, de petits appareils adoucisseurs performants existent.
Le principe de fonctionnement est simple. L'eau passe par des résines qui fixent les ions positifs de calcium, de magnésium et de fer à l'origine du tartre. Ces ions positifs sont

Alors quel modèle choisir ? Existe-t-il un adoucisseur plus efficace qu'un autre ? Quelles sont les garanties de performances ? Sachant qu'un adoucisseur représente un investissement important, comment ne pas se tromper ?

■ *Premier réflexe :* rechercher l'appareil le plus adapté à l'usage que l'on veut en faire. Il existe des adoucisseurs plus ou moins performants, selon le volume d'eau traité chaque jour. L'encombrement de l'appareil compte aussi, suivant la taille de votre habitation.

■ *Deuxième réflexe :* pour la fiabilité des systèmes, mieux vaut faire confiance à des constructeurs qui ont déjà fait leurs preuves depuis longtemps et présentent des garanties (voir *Carnet d'adresses*). Un annuaire des principaux fabricants est disponible auprès de l'UAE (Union des entreprises d'affinage de l'eau). Ensuite, il faut s'assurer que votre matériel bénéficie d'un important réseau de revendeurs. En cas d'ennui, vous devez être rapidement dépanné. De même, assurez-vous que l'installateur peut effectuer la maintenance et l'entretien de votre appareil très régulièrement. Un adoucisseur doit être vérifié au moins une fois par an pour éviter tout dysfonctionnement.

DES FILTRES À EAU EFFICACES POUR ÉPURER L'EAU

Pesticides, nitrates, bactéries, virus… la qualité de l'eau laisse parfois à désirer. Même en France, où le traitement de l'eau bénéficie de technologies de pointe, les consommateurs ne sont pas à l'abri d'une contamination qui dépasse les normes sanitaires. C'est le cas en Bretagne avec les nitrates, mais aussi dans la région Centre avec les pesticides, ou dans le Nord avec l'arsenic et les métaux lourds… Si l'on ajoute à cela que près de la moitié des Français se plaignent du goût de l'eau (chlore et calcaire), on comprend mieux leur attirance pour l'eau en bouteilles. Depuis 15 ans, les Français consomment chaque année 100 millions de litres d'eau minérale de plus ! D'où la progression des appareils qui permettent de traiter l'eau chez soi. Ce marché a enregistré une croissance de 30 % par an en 1997 et 1998. De la simple carafe avec un filtre à charbon actif jusqu'aux systèmes de traitement raccordés au réseau, on peut éliminer le mauvais goût de chlore, le calcaire et même les polluants.

Face à la panoplie d'appareils proposés, existe-t-il des systèmes plus efficaces que d'autres ? En fait, tout dépend de la qualité de l'eau que l'on veut obtenir et du prix que l'on peut payer.

■ *Le plus performant : l'osmoseur.*
Il s'agit du même matériel que celui utilisé par les industriels mais en miniature.
Le principe ? Une grosse bonbonne placée sous l'évier, branchée directement sur le réseau, permet d'épurer jusqu'à 40 l d'eau par jour. Pour résumer, l'eau passe par des membranes perméables uniquement au liquide et non aux impuretés. Une fois filtrée, elle est stockée dans un réservoir sous pression, puis raccordée à un deuxième robinet situé sur l'évier. Quant aux impuretés, elles sont rejetées directement à l'égout, sans risque de contamination.
L'avantage de l'osmoseur est de fournir en grande quantité une eau de qualité comparable à celle que l'on achète en bouteilles. L'appareil élimine en effet 95 % de l'ensemble des polluants : métaux lourds, pesticides, nitrates, bactéries, virus… Ce qui donne au final une eau similaire à celle d'une source du Massif central, c'est-à-dire pas trop chargée en minéraux et idéale à boire tous les jours.

Un osmoseur peut épurer jusqu'à 40 litres d'eau par jour : sans nitrate, ni bactéries, ni pesticides, l'eau est aussi pure que celle que l'on trouve en bouteilles.

Finie donc la corvée du transport des litres d'eau en bouteilles, et cela pour un tarif au moins trois fois moins élevé que n'importe quelle eau embouteillée ! De plus, elle peut servir pour faire la cuisine, le thé et le café, ce qui se révèle vite un précieux avantage pour préserver le goût des aliments.

■ *Seul risque :* si l'osmoseur n'est pas régulièrement révisé et les cartouches de filtration changées, l'eau peut devenir mauvaise pour la santé. Il est donc impératif de bien assurer l'entretien du matériel avec un professionnel, au minimum une fois par an. Attention aussi à l'eau trop calcaire ! L'osmoseur devient vite inefficace à cause du tartre et la seule solution consiste à investir préalablement dans un adoucisseur.

TRAITER LES EAUX USÉES ÉCOLOGIQUEMENT

Les maisons situées en rase campagne ne sont que très rarement raccordées au tout-à-l'égout. Le mieux est alors de mettre en place un système d'assainissement autonome pour récupérer et traiter les eaux usées. Pourquoi, dès lors, ne pas opter pour un traitement par lagunage ?
Cette technique consiste à faire circuler gravitairement les effluents domestiques par des bassins successifs aménagés en paliers, dans lesquels sont plantés des roseaux et des plantes aquatiques (joncs, massettes...) capables de filtrer les eaux sales.
Autour des tiges souterraines (les rhizomes) de ces plantes, vivent en effet des micro-organismes capables de dégrader les résidus dont sont chargées les eaux usées. En clair, les bactéries se nourrissent des matières polluantes et les transforment en molécules inoffensives. Avantage : ce type d'installation économique et non polluante s'intègre très bien dans le paysage. Les bassins sont conçus comme des jardins d'eau en terrasse et suivent le terrain sans modifications si le dénivelé le permet. Le rendement épuratoire est conforme aux normes européennes. Cependant, cela nécessite un minimum d'entretien. D'abord, des manœuvres de

UN ÉPANDAGE SUR UN LIT FILTRANT SIMPLE

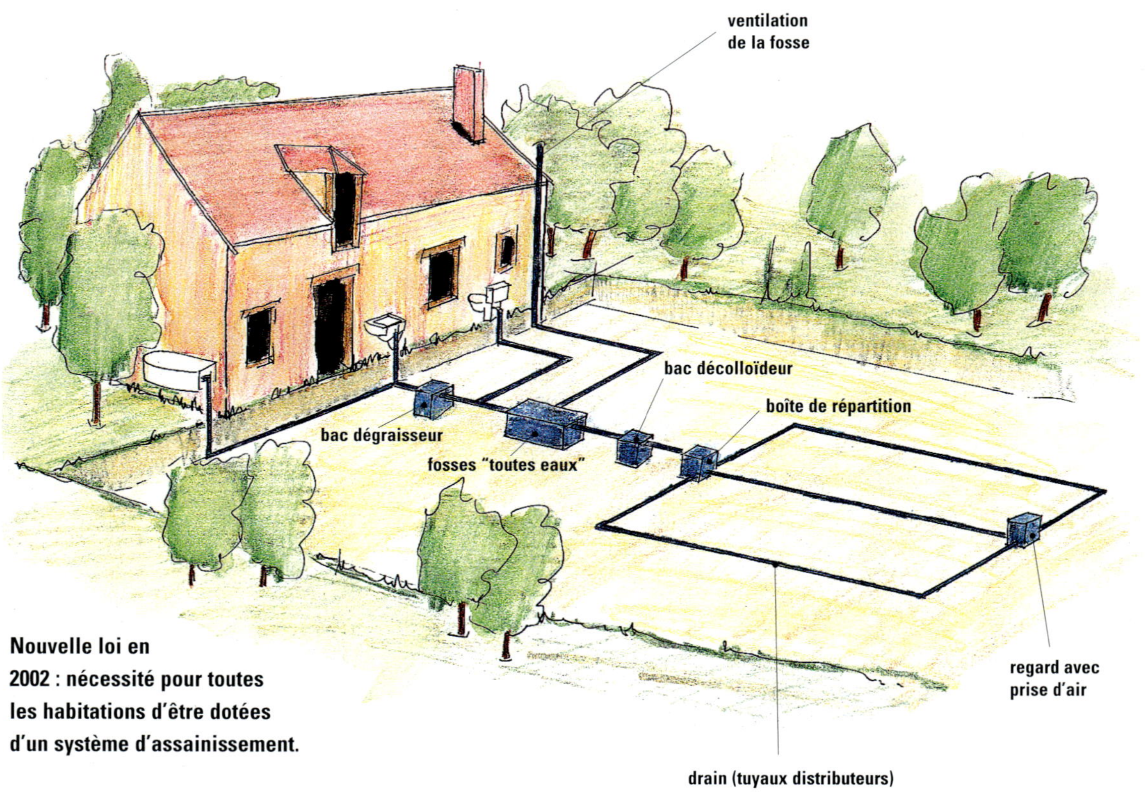

Nouvelle loi en 2002 : nécessité pour toutes les habitations d'être dotées d'un système d'assainissement.

Le lagunage fonctionne comme une usine naturelle 24 h/24. Avantage : il purifie les eaux usées à un coût réduit, sans odeur, ni pollution, ni bruit.

vannes tous les 3 à 7 jours pour alimenter en alternance les bassins. Ensuite, il faut faucarder une fois par an, c'est-à-dire dégager les parties aériennes mortes des plantes aquatiques et supprimer les plantes indésirables pour éclaircir les plantations. Cette opération ne commence généralement qu'après la 2e ou 3e année de fonctionnement. Enfin, à plus long terme (10 à 15 ans), il faut retirer la matière résiduelle de la surface des filtres.
En règle générale, ce procédé d'épuration s'avère surtout adapté à des communes de 20 à 2000 habitants. Mais il peut aussi se décliner dans le domaine privé pour une maison individuelle. Sachant qu'il faut une emprise au sol de 1,5 à 2 m^2 par habitant, une famille de quatre personnes nécessite une plantation de 10 m^2 environ.

S'il est bien dimensionné, le lagunage doit traiter un volume d'eaux usées correspondant à 40 jours de débit, sans que les bassins n'engorgent.

LES TOILETTES À COMPOST

La plupart des W.-C. sont aujourd'hui reliés au tout-à-l'égout par les mêmes canalisations que les eaux utilisées pour faire la toilette ou laver le linge. Malheureusement, toutes ces « eaux brunes » ne sont pas toujours traitées dans les stations d'épuration. Certaines habitations rejettent encore les eaux usées dans la nature, ce qui provoque une pollution non négligeable. Et dans tous les cas, le traitement de ces eaux a un coût important pour la société.
Il existe depuis plus de 20 ans un système de W.-C. biologique vendu dans le monde entier. L'avantage de ces appareils réside dans leur installation : pas besoin de conduite d'eau, ni d'évacuation (ni fosse septique, ni épandage...). La décomposition des excréments se fait grâce à des micro-organismes naturels qui transforment la matière hygiénique en compost. Cela fonctionne comme dans la nature lorsqu'un jardinier laisse un tas de feuilles se décomposer pour faire du terreau. Pour éviter les mauvaises odeurs, les W.-C. à compost sont aérés, chauffés, et un malaxage régulier de la matière organique accélère le processus de décomposition.
Il suffit de vidanger le tiroir d'humus (résultat du compostage) et d'ajouter des micro-organismes pour le compostage, environ une fois par mois.

CHAPITRE 5

LE GROS ŒUVRE

Le parpaing en béton et les maisons en kit ont tellement envahi nos paysages que l'on a oublié les qualités des constructions traditionnelles. Le bois, la pierre, la terre, les fibres végétales… donnent pourtant naissance à des maisons confortables, qui vieillissent bien. Outre les questions d'ossature de la maison, vous trouverez dans ce chapitre des conseils pour améliorer l'installation électrique et la distribution de l'eau, pour limiter les risques des ondes électromagnétiques, récupérer l'eau de pluie et faire chuter vos factures d'eau et d'électricité.

RÉUSSIR UN MORTIER

Pour bâtir, restaurer ou bricoler une maison, la maçonnerie fait partie des tâches incontournables. Que l'on veuille réaliser des enduits, des raccords ou monter des murs en liant les pierres ou les briques les unes aux autres, il faut savoir faire un mortier. Or, il existe des mortiers plus ou moins efficaces et sains. Aussi, on préfère l'utilisation d'un liant, comme la chaux naturelle, à du ciment. De même, si l'on cherche à construire une maison écologique, on veillera à choisir des matériaux de construction qui respectent l'environnement comme le bois, la terre, la brique, la pierre ou la paille.

Au siècle dernier, les mortiers se fabriquaient essentiellement avec de la terre ou du sable et de la chaux. On redécouvre aujourd'hui les vertus de la chaux dans la maçonnerie. Les artisans l'utilisent de plus en plus, aussi bien pour des badigeons ou des enduits que pour monter des murs ou poser du carrelage. Cela s'explique d'abord par les nombreux dégâts causés par le ciment : problème d'humidité, fissuration des murs, mauvais vieillissement des enduits, esthétique médiocre... Cet engouement est aussi lié aux qualités exceptionnelles de la chaux.

■ *Ce matériau naturel s'obtient en cuisant de la roche calcaire à plus de 900 °C.*
La pierre est d'abord concassée, calibrée, puis cuite et ensuite à nouveau calibrée, broyée, tamisée... Au final, la chaux est microporeuse, ce qui favorise la respiration des murs et des maçonneries.
Elle permet donc d'expulser l'humidité excédentaire contenue dans les parois, contrairement au ciment qui l'emprisonne.

■ Deuxième avantage de taille, les mortiers à la chaux ne sont pas rigides. Ils s'adaptent parfaitement à tous les supports (sauf les murs en ciment), et ne craignent pas les variations climatiques. Ainsi, en cas de sécheresse ou de dégel par exemple, un mortier de ciment entraînera des fissures alors qu'un enduit à la chaux, plus souple et « respirant » permettra aux maçonneries de rester stables.
Enfin, l'enduit à la chaux offre des revêtements très esthétiques, avec des nuances de textures et de couleurs qui mettent en valeur une maison.

Maintenant que l'on connaît les atouts de la chaux, il faut savoir l'employer à bon escient pour exploiter toutes ses qualités.

■ *Il existe deux types de chaux naturelles utilisées dans le bâtiment.*

• **La chaux aérienne éteinte** du bâtiment (CL : Calcium Lime) est produite avec des roches calcaires très pures, contenant peu d'argile (moins de 5 %). Sous l'effet de la chaleur, le carbonate de

UN MORTIER DE BÉTON DE CHAUX

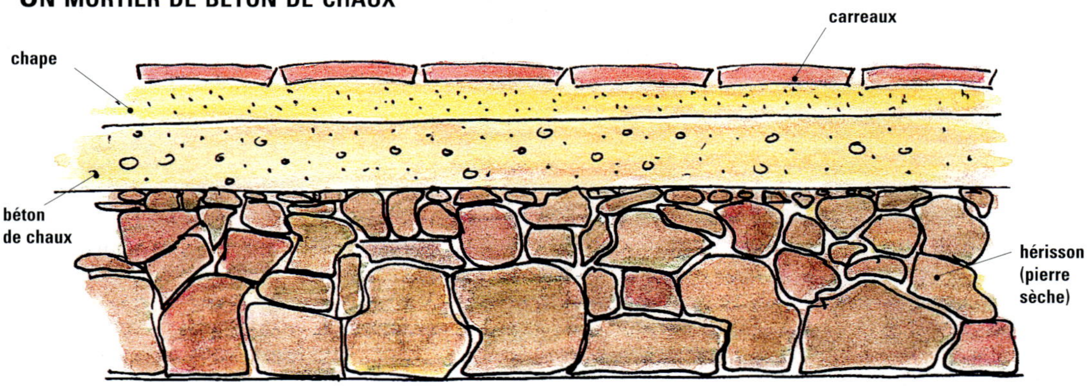

Le béton de chaux réalisé avec environ 5 volumes de sable et de gravier pour 1 volume de chaux hydraulique, absorbe bien les déformations liées aux mouvements de terrains et convient parfaitement à la pose d'un carrelage. Mais il est nécessaire d'exécuter un hérisson en pierre pour le mettre à l'abri de l'eau.

On peut réaliser un mortier de chaux hydraulique en incorporant des fibres végétales ou du bois (comme ici), pour renforcer l'isolation des murs.

calcium se transforme en oxyde de calcium, ce qui entraîne une perte de poids de presque 50 % (perte du gaz carbonique) et rend la chaux très corrosive. D'où la nécessité « d'éteindre » cette chaux vive avec de l'eau pour qu'elle se transforme en chaux éteinte ou hydratée. Elle permet de faire des mortiers souples qui doivent sécher longtemps et qui durcissent au contact avec l'air (d'où le nom de chaux aérienne). Les maçons l'appellent aussi chaux grasse car elle adhère bien au support et reste onctueuse. On l'utilise donc surtout pour des enduits intérieurs et extérieurs. Il existe trois sortes de CL différentes (CL 90, CL 80 et CL 70). On utilisera la CL 90 pour le bâtiment.

• **La chaux hydraulique naturelle** (NHL : Natural Hydraulic Lime) subit la même transformation que la CL 90 (cuisson et hydratation) mais la roche cuite contient entre 5 et 20 % d'argile (avec de la silice et des oxydes de fer). Elle devient donc plus dure que la CL 90. On l'appelle hydraulique car elle à une prise en milieux humides ou même marins. Sa résistance initiale est néanmoins plus faible que le ciment, mais elle ne cesse de s'améliorer avec le temps. C'est la chaux la plus utilisée pour les constructions de murs, de bétons légers ou de chapes sur des sols. Plus le support est dur, plus on utilise de la chaux hydraulique. On peut l'utiliser pure ou la mélanger avec de la CL 90 pour réaliser des enduits sur des surfaces dures (pierre volcanique, silex...). Trois sortes de NHL sont également disponibles sur le marché (NHL 2, NHL 3,5 ou NHL 5). On utilisera la NHL 3,5.

Attention, les autres chaux sont à proscrire, car elles sont artificielles ! Ainsi, il ne faut pas confondre la NHL avec la chaux hydraulique artificielle (XHA) qui s'apparente davantage à du ciment et reste donc déconseillée.

LES MATÉRIAUX DE CONSTRUCTION

Le bois, la terre, la brique ou les fibres végétales : pourquoi et comment choisir parmi ces matériaux sains pour réussir une construction durable et chaleureuse qui s'adapte au climat et au paysage ?

LE BOIS

Curieusement, c'est entre les deux guerres, en pleine période de reconstruction, que l'on va commencer à moins bâtir de maisons en bois en France. Tandis que le béton et la pierre deviennent les matériaux rois pour les promoteurs de maisons individuelles pendant les Trente Glorieuses, les pays nordiques et anglo-saxons continuent de privilégier le bois.
En France, excepté dans les régions de montagne, la maison en bois est oubliée, reléguée au plan de vieille bâtisse dépassée.

Facile à découper, monter et ajuster, le bois offre la possibilité de réaliser de beaux volumes à un très faible coût.

Si l'on en croit le Centre technique du bois et de l'ameublement, une maison en bois permet de piéger le gaz carbonique rejeté par cinq voitures pendant un an, et donc de lutter contre les gaz à effet de serre.

Pourtant, ce matériau n'a jamais été aussi contemporain. À l'heure ou l'on s'inquiète des conséquences du réchauffement de la planète, il faut savoir qu'une maison en bois permet de piéger le gaz carbonique rejeté par cinq voitures pendant un an. C'est le matériau écologique par excellence, qui a l'avantage de s'intégrer souvent très bien dans les paysages.
Les architectes savent que le bois permet de réaliser de beaux volumes. Il est facile d'emploi et permet de construire rapidement. Techniquement, le rapport entre son poids et sa résistance lui confère des propriétés mécaniques étonnantes. Une poutre de 3 m de portée, capable de supporter 20 t, pèse seulement 60 kg en bois résineux contre 80 kg en acier et 300 kg en béton armé !
En fait, le bois offre toutes les qualités pour répondre aux contraintes et aux exigences architecturales modernes.

CONSTRUIRE EN PANS DE BOIS

Cette technique, appelée aussi à colombages, est la plus courante. On la rencontre notamment en Normandie, en Alsace ou en Bourgogne. Seule l'ossature est en bois. On assemble des pièces de bois entre elles (par tenons et mortaises), ce qui forme l'armature de la maison.

Pour équilibrer les poussées, donner plus de solidité à l'ensemble de la structure et éviter les déformations, plusieurs assemblages sont utilisés.

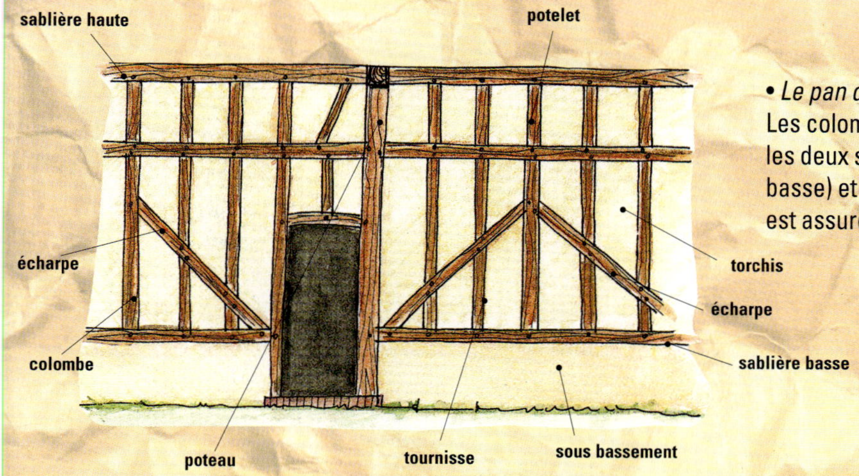

• *Le pan de bois à « grille »*
Les colombes joignent les deux sablières (haute et basse) et le contreventement est assuré par des écharpes.

• *Le pan de bois à « cadre »*
L'espace qui délimite les poteaux intermédiaires et les deux sablières est subdivisé par des entretoises, cela forme des cadres dans lesquels on trouve une écharpe.

• *Le pan de bois à « croix de St André »*
Il s'agit d'un pan de bois à cadres et à l'intérieur de chaque cadre se croisent deux écharpes.

Différents assemblages traditionnels de maisons à ossature bois

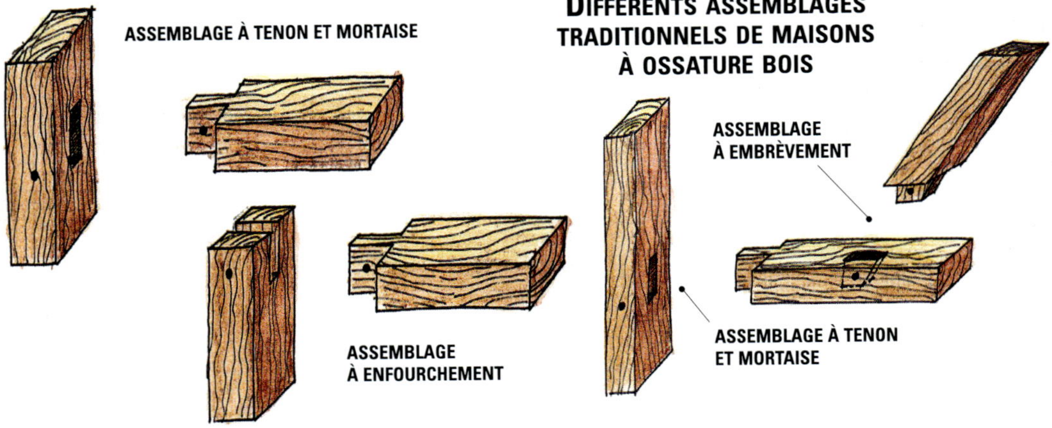

Ossature d'une maison en bois

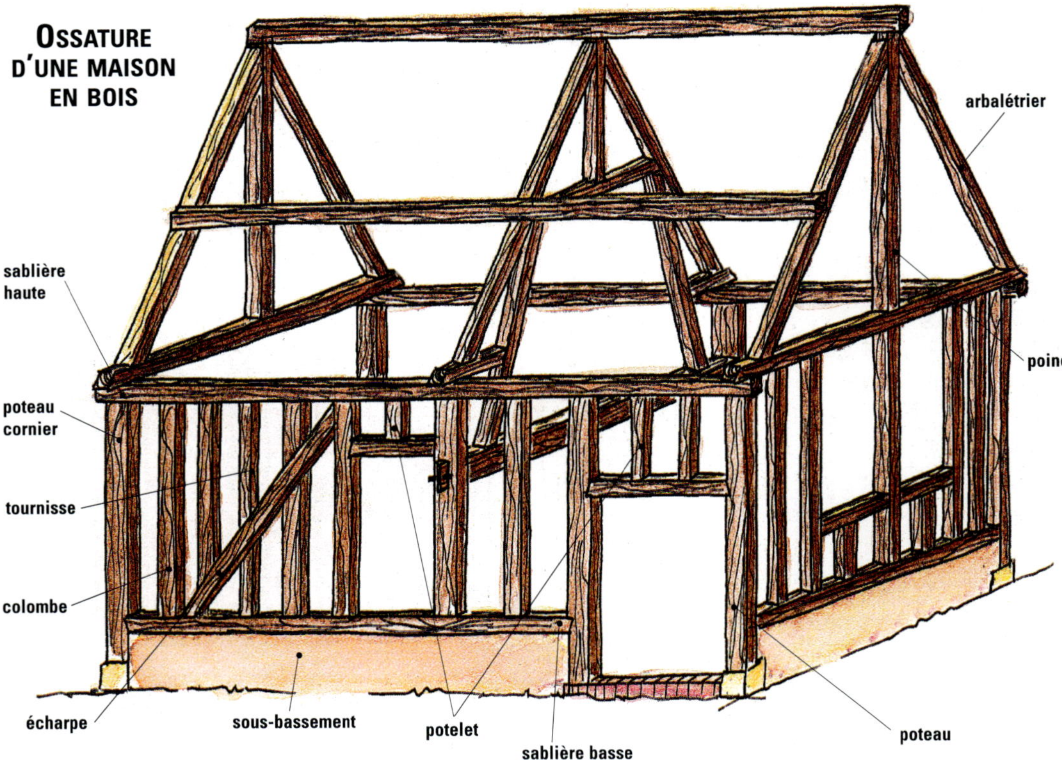

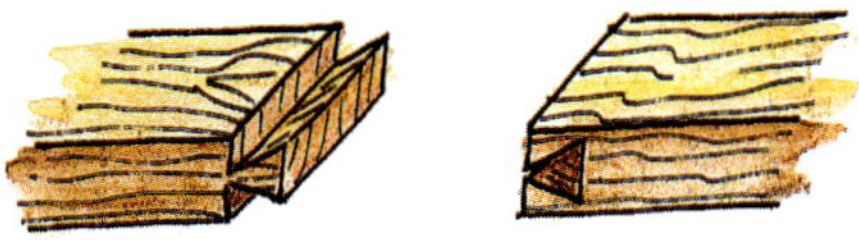

ASSEMBLAGE À QUEUE D'ARONDE

ASSEMBLAGE À TENON ET REPOS

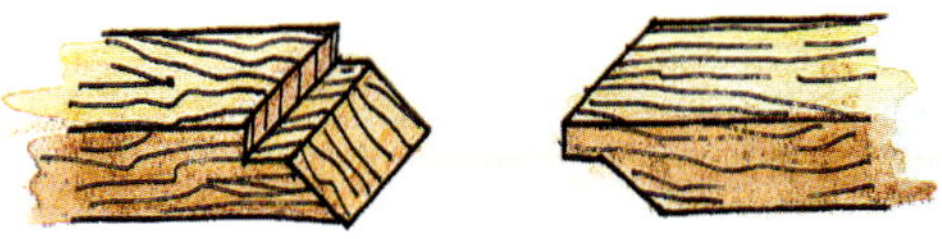

ASSEMBLAGE À MI-BOIS

ASSEMBLAGE À TRAIT DE JUPITER

Sur le plan de l'isolation, il est 12 fois plus isolant que le béton, 350 fois plus que l'acier et 1 500 fois plus que l'aluminium. À performance thermique égale, on peut gagner quelques centimètres d'épaisseur de mur, et donc plusieurs mètres carrés sur l'ensemble de la maison.
En terme de sécurité, contrairement à ce que l'on peut imaginer, une structure en bois résiste bien au feu. Bien sûr, le bois brûle vite. Mais il a l'avantage de garder ses propriétés mécaniques assez longtemps pour que l'on puisse évacuer les habitants en toute sécurité. Les charpentes et les parois se déforment peu et les assemblages restent stables car la dilatation thermique du bois est faible. Certaines essences de bois résistent mieux au feu que d'autres mais tout dépend de l'épaisseur et de la conception des assemblages.

■ *Il existe principalement deux façons de construire en bois.*

– La technique la plus courante est la construction à colombages, où seule l'ossature est en bois. Les pièces de bois sont assemblées les unes aux autres pour former la structure de la maison. On comble les intervalles entre les pièces de bois par un remplissage de terre (torchis), de briques, de pierres ou de fibres végétales (chanvre, paille). Les murs peuvent ensuite être recouverts de bardeaux de bois ou rester bruts.

RÉALISER UNE LASURE

Il est souvent préférable de protéger le bois avec une lasure que l'on peut fabriquer soi-même. Le mélange le plus efficace et simple à réaliser se fait à partir d'huile de lin, qui a le mérite de protéger le bois des intempéries et des attaques d'insectes. On incorpore généralement 1/3 d'essence de térébenthine dans 2/3 d'huile de lin pour faciliter sa pénétration dans le bois. Il est également conseillé d'ajouter environ 5 % de siccatif de Coutray (transparent pour ne pas teinter le bois) afin de durcir le mélange pour qu'il résiste mieux aux intempéries. Mais quoi qu'il en soit, il faudra régulièrement (environ tous les 2 à 5 ans) repasser une couche.

Douze fois plus isolant que le béton, le bois permet de construire des murs de faible épaisseur offrent un gain de place tout en assurant une ambiance confortable.

Dans ce type de maison, soit les murs sont porteurs, soit ce sont des poteaux qui soutiennent la structure. Bon nombre de constructions modernes n'utilisent l'ossature en bois que pour bâtir une partie de la maison. On construit, par exemple, le rez-de-chaussée et le soubassement en pierre ou en brique et le premier étage en pan de bois.

– Pour le deuxième type de construction, le bois empilé, la maison est intégralement en bois. Cette technique est surtout utilisée dans les régions montagneuses, dans les Alpes, en Europe centrale ou au Canada, car cela nécessite d'utiliser des arbres bien rectilignes, comme le mélèze par exemple. On emboîte des troncs d'arbres les uns sur les autres pour former un quadrilatère. Les rondins sont ensuite assemblés à chaque extrémité par des encoches.

COMMENT PROTÉGER LE BOIS ?

L'un des rares inconvénients du bois provient de sa vulnérabilité face aux agressions des insectes et des champignons. Pour s'en prémunir de façon efficace, les propriétaires de maisons ont souvent eu recours à des traitements fongicides ou insecticides à base de produits chimiques très nocifs pour l'organisme. Or, il n'est pas nécessaire de traiter le bois systématiquement.

■ *En premier lieu*, pour lutter contre les champignons, le traitement fongicide se révèle la plupart du temps inutile à l'intérieur d'une maison. Car les champignons sont friands du bois uniquement lorsqu'il renferme un taux d'humidité supérieur à 20 %. C'est le cas de la mérule, l'un des champignons les plus dangereux, qui se propage rapidement et détruit le bois. La mérule se répand même en dehors des surfaces boisées pour aller pomper l'humidité nécessaire à son développement. Mais dans une maison habitée, chauffée et isolée, le bois ne contient jamais plus de 10 % d'eau. Ou alors il s'agit d'un dysfonctionnement dans la construction qui entraîne un taux d'humidité trop important et favorise donc la croissance des champignons.

■ *À l'extérieur*, le bois qui n'est pas directement exposé aux intempéries ne devrait pas non plus souffrir de l'attaque des champignons. D'autant qu'ils aiment bien la chaleur (entre 18 et 25 °C). La première protection consiste donc à protéger le bois en l'éloignant du sol et en le mettant à l'abri de la pluie. Pour cette raison, beaucoup de maisons en bois ont un soubassement en pierre ou en brique sur lequel repose la sablière. De même, les bords de toitures sont suffisamment larges pour protéger les murs. Du côté des vents dominants, le toit pourra même descendre assez bas.
Les insectes sont des ennemis dangereux. Ils s'attaquent facilement au bois, même s'il n'y a quasiment pas d'humidité. Les sirex, par exemple, s'installent directement dans le bois vert, en forêt, et pondent des œufs qui se retrouveront dans le bois d'œuvre.
La vrillette s'installe surtout dans le bois humide. Quant au capricorne, il affectionne particulièrement les bois résineux et peut faire de gros dégâts.

La première des préventions consiste à utiliser du bois bien sec. Ensuite, on peut le traiter avec du sel de bore, un produit non toxique mais qui repousse les insectes. Pour les traitements curatifs, si les insectes sont encore actifs, il existe des produits insecticides qui utilisent les mêmes molécules actives que les produits chimiques mais avec des solvants moins toxiques (voir *Carnet d'adresses*). Ils ont donc une odeur d'agrumes agréable qui ne provoque pas de maux de tête.

La forme de la toiture, l'orientation de la maison mais aussi la végétation qui l'entoure, doivent être bien étudiées pour protéger une façade en bois du vent, du gel et de la pluie.

Le seul véritable inconvénient du bois réside dans son entretien : à l'extérieur, il faut régulièrement le protéger des intempéries.

LES BOIS RÉSISTANTS

La meilleure solution consiste à utiliser des essences d'arbres qui supportent bien d'être exposées aux intempéries et ne nécessitent pas de protection particulière. C'est le cas du mélèze, du pin douglas, de l'acacia et du châtaignier. À noter également que le bois peut résister aux parasites s'il est coupé dans les règles de l'art. Autrefois, les bûcherons et les charpentiers savaient qu'il fallait couper un arbre à l'automne et à la lune descendante pour que le bois ne soit pas gorgé de sève. Ensuite, l'arbre était équarri et non scié, pour préserver les fibres du bois intact. Voilà pourquoi certaines habitations en bois séculaires sont toujours en parfait état sans jamais avoir été traitées ! Malheureusement, ce savoir-faire qui garantissait un bois de grande qualité a quasiment disparu, notamment pour des raisons de rendement économique, de mécanisation de l'outil, de production et de quantité de bois à fournir.

LA TERRE

En tout temps et en tout lieu, la terre a servi et continue de servir dans la construction d'habitation. On estime actuellement que 30 % de la population mondiale vit dans des logements où la terre est utilisée comme matériau de base. C'est le cas des casbahs au Maroc, des mosquées au Mali, des immeubles de plus de dix étages au Yémen du Sud, de villages entiers au Nouveau Mexique, ou de maisons dans la province du Fujian en Chine. La France abrite également un patrimoine exceptionnel de constructions en terre : en Haute-Normandie, en Aquitaine, en Picardie, dans le Dauphiné, les Mandes ou le Toulousain… Au total, près de 15 % des habitations rurales en France sont à base de terre.
Pourquoi une telle utilisation de ce matériau, au nord comme au sud, à l'est comme à l'ouest ? D'abord parce que la matière première utilisée pour ce type d'habitat (argile, sable, gravier…) est présente partout et souvent en abondance. L'argile est un matériau naturel et recyclable qui n'entraîne pas de graves pollutions. Ensuite, les techniques de mise en œuvre sont relativement simples et variées (torchis, pisé, bauge…). Elles permettent une expression architecturale très diversifiée dans l'espace et les volumes (murs massifs, enduits bruts, structures légères…).

Enfin, la maison en terre offre de nombreux avantages pour ceux qui l'habitent. Le confort intérieur est surprenant : il fait frais en été et chaud en hiver. L'air ambiant n'est ni trop sec, ni trop humide. La terre a, en effet, un très bon pouvoir isolant et respirant. Cela permet donc une parfaite régulation des échanges d'humidité entre l'intérieur et l'extérieur. Sur le plan sanitaire, il faut savoir que dans les pays où la construction en terre est abondante, les maisons sont dépourvues d'acariens.

Du point de vue de l'investissement dans le temps, contrairement aux idées reçues, la terre est un matériau très résistant qui fait preuve d'une grande longévité en gardant ses qualités. L'intérêt décoratif n'est pas à négliger non plus. Mariée à du bois, de la brique, de la paille ou de la pierre, la terre offre des teintes et des revêtements chaleureux, subtils et harmonieux. Il suffit de regarder les anciennes habitations rurales pour constater qu'elles ne sont pas dépourvues de charme et s'intègrent souvent à merveille dans leur environnement proche.

UNE PRATIQUE OUBLIÉE

L'utilisation de la terre dépend de sa qualité (proportion d'argile, de sable, de limon…), de son degré d'humidité et du type de construction que l'on souhaite réaliser. Autrefois, on extrayait la terre juste à côté de la maison à bâtir, sur le même terrain. Cela avait un double avantage : le transport était réduit au strict minimum et le trou d'extraction créait une mare dans laquelle ruisselaient les eaux de pluie, ce qui protégeait donc la maison et le terrain de l'humidité.

Au Yémen comme en Chine et dans certains pays d'Afrique, de véritables immeubles sont construits en terre et peuvent résister pendant des siècles, ce qui prouve la fiabilité de ce matériau.

Les principales techniques de construction en terre

■ *Le torchis (ou clayonnage)*

Le torchis est un mélange de fibres végétales (paille, foin, chanvre...) et de limon argileux auquel on ajoute de l'eau et éventuellement du sable. La « pâte » doit être ni trop grasse, ni trop collante. Plus la terre est grasse, plus on doit ajouter de sable. Le torchis est souvent utilisé pour monter les murs des maisons à ossature en bois. Par-dessus le torchis, on applique un enduit de finition à base de chaux et de sable et éventuellement de fibres de lin ou de chanvre pour une meilleure isolation et une bonne résistance mécanique. Cet enduit est indispensable pour protéger le torchis des intempéries, car les murs peuvent s'abîmer et se détériorer au fil du temps s'ils ne sont pas à l'abri de l'eau. Il faut donc veiller à ce que l'eau du toit ne s'écoule pas sur les murs et ne s'infiltre pas peu à peu par capillarité. De même, il est préférable de réaliser un soubassement en pierre ou en brique pour que la base du mur soit protégée des intempéries. Le torchis a l'avantage de se mettre en œuvre plus rapidement que les autres techniques de construction en terre.

Trois façons de réaliser une construction en torchis

Bois refendu, épointé et placé en force dans les encoches.

Barreaux refendus, logés en force dans des rainures creusées à l'intérieur des potelets

Lames de bois refendues, assouplies et tressées sur des barreaux.

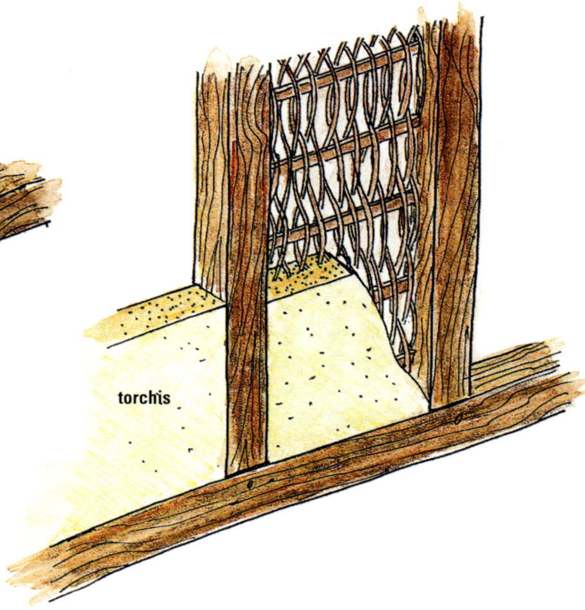

Utilisée depuis des siècles pour construire des murs en pisé, la technique du banchage est toujours d'actualité, même si des compresseurs pneumatiques facilitent aujourd'hui sa mise en œuvre.

Le pisé (ou terre banchée)

Les constructions en pisé sont présentes dans le monde entier, du Maroc à la Chine en passant par la France, le Danemark ou le Pérou. Il s'agit d'une architecture réalisée grâce à de la terre riche en cailloux et en gravier, qui contient entre 10 et 15 % d'argile en moyenne. La terre utilisée pure, sans paille, ne doit pas être trop humide (mieux vaut l'extraire du sol au printemps). Elle est directement compactée à l'intérieur d'un coffrage en bois, dont la taille varie selon les pays, mais qui mesure généralement 50 cm de large, 80 à 90 cm de haut et 3 m de long. La terre est comprimée à la main à l'aide d'un appareil que l'on nomme pison ou pisoir et qui prend la forme d'une masse en bois. Il existe aussi des compresseurs pneumatiques.

Les murs sont ainsi montés en superposant les banches (coffrage) et les couches de terre que l'on assemble grâce à des mortiers à la chaux. Les murs en pisé ont l'avantage d'être épais, homogènes, stables, durables et peu gourmands en matériaux. Mais ils craignent beaucoup la pluie, notamment au niveau des fondations, et nécessitent davantage de main d'œuvre que la construction en brique de terre crue.

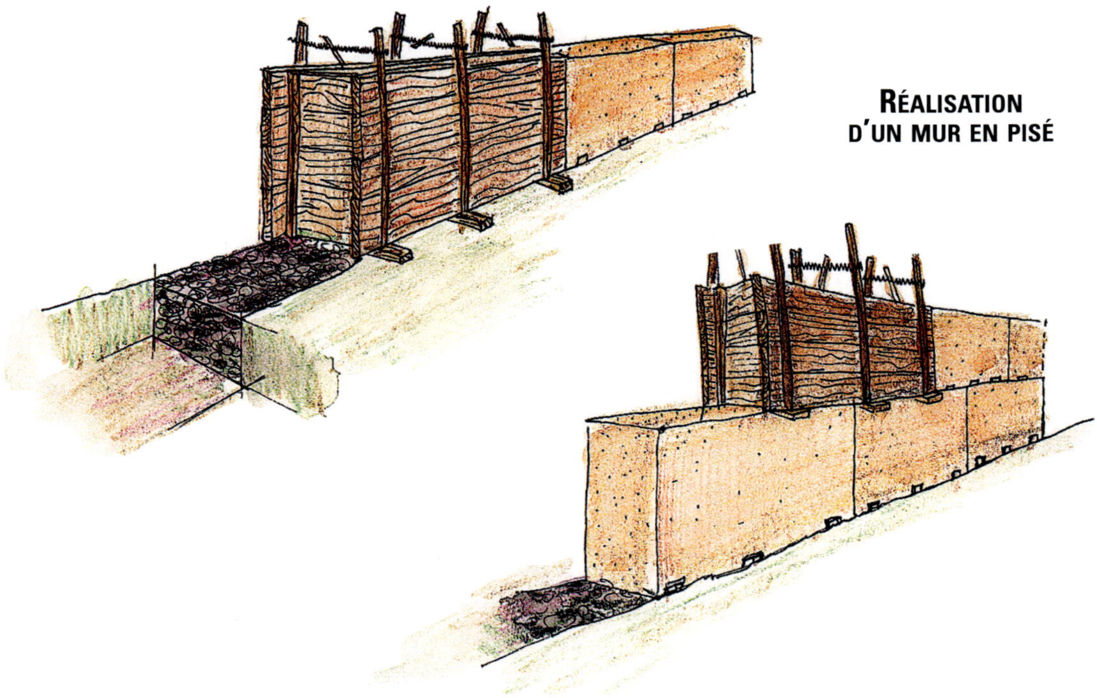

RÉALISATION D'UN MUR EN PISÉ

La brique de terre crue (ou adobe)

On utilise une terre sableuse (50 à 70 %) et argileuse (environ 20 %) contenant du limon (10 à 20 %). Légèrement humidifiée, la terre est mise dans des moules et compactée légèrement à la main. Une fois démoulée, elle sèche au soleil et donne naissance à des briques de terre crue. Il existe aujourd'hui des presses mécaniques qui permettent de réaliser des briques plus rapidement. La taille varie selon les pays et peut même prendre la forme de gros blocs, comme en Égypte. Avant d'utiliser les briques, il faut les laisser sécher au moins 2 semaines à l'abri de l'humidité (dans une serre ou une véranda si le climat est variable). Une fois sèches, les briques se montent comme des parpaings avec un mortier réalisé grâce à la même terre que les briques mais tamisée pour éviter les graviers. Elles permettent de réaliser des constructions aux formes originales (voûte, dôme...) contrairement au pisé et sont parfois utilisées avec des briques de terre cuite en renfort de chaînage.

Les fabricants proposent aujourd'hui des briques de terre crue prêtes à l'emploi, qui se manipulent et se posent aussi facilement que des briques ou des blocs de plâtre.

La terre est un matériau de plus en plus apprécié des architectes, qui ont compris toutes ses potentialités, aussi bien dans les formes réalisables que dans les techniques de construction.

La bauge

À l'inverse du pisé ou du torchis, la bauge est une technique qui ne nécessite aucune armature, aucun moule. Grâce à sa grande plasticité, la terre est directement empilée et façonnée pour bâtir des murs. Elle ne doit donc pas être trop sèche ou trop humide. On la mélange généralement avec de la paille ou de l'herbe puis on la tasse avec des outils. Cette technique n'est plus tellement courante aujourd'hui mais elle a donné lieu à des constructions splendides, des habitations souples et harmonieuses notamment au Yémen et en Afrique Noire.

Toutes ces techniques traditionnelles nécessitent de faire appel à des professionnels de la construction en terre qui adaptent ces techniques en fonction de la structure du bâtiment, du climat, de l'environnement et qui savent quelle terre utiliser et comment se la procurer.

Depuis quelques années, les architectes et les professionnels du bâtiment redécouvrent les vertus de la construction en terre. De ce fait, on voit apparaître sur le marché des matériaux prêts à l'emploi : des panneaux en terre, des briques fabriquées à base de paille et de terre, des mortiers et des enduits... Grâce à ces produits (comme Claytec ou Tierrafino distribués par Akterre), la construction en terre devient plus facile d'accès, notamment pour les bricoleurs et les autoconstructeurs. Mais il ne faut pas pour autant croire que l'on peut utiliser ces matériaux comme des « Légos » à monter en kit. Les conseils d'un architecte spécialisé restent indispensables pour éviter des erreurs d'utilisation.

LA BRIQUE

La brique en terre cuite est utilisée dans la construction depuis la plus haute Antiquité. Sa fabrication, très simple, à base de matière naturelle, en fait un matériau écologique par excellence.

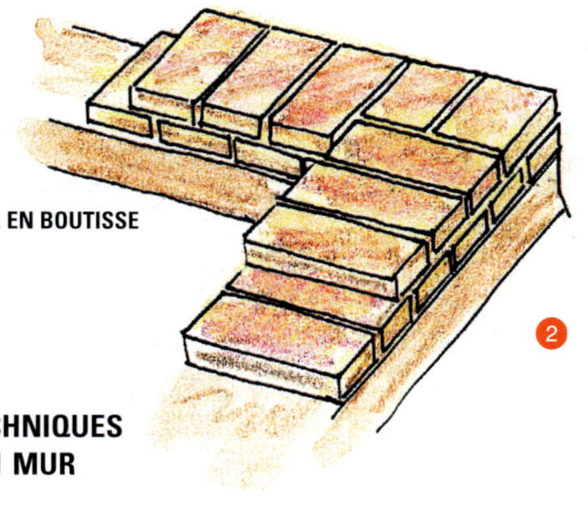

ASSEMBLAGE EN BOUTISSE

LES DIFFÉRENTES TECHNIQUES POUR MONTER UN MUR EN BRIQUE

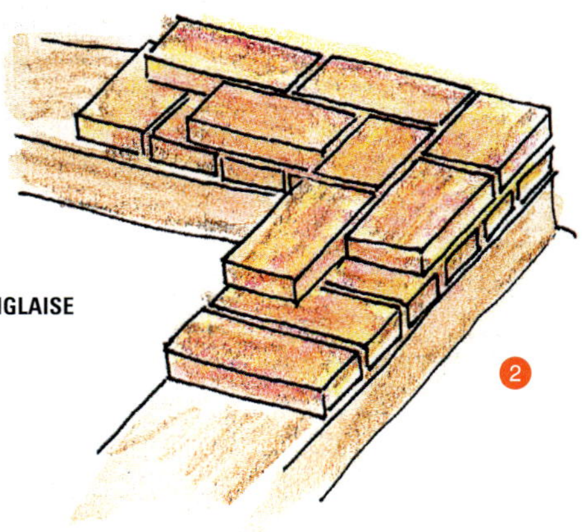

ASSEMBLAGE À L'ANGLAISE

La terre est le plus souvent extraite de carrières à ciel ouvert qui sont réaménagées après leur exploitation pour redevenir des milieux naturels ou des terres agricoles. Les briques sont ensuite cuites dans des fours alimentés au bois ou au gaz naturel. C'est sans doute le seul point noir, car la consommation d'énergie n'est pas négligeable. En revanche, il s'agit d'un matériau durable que l'on peut récupérer ou recycler à faible coût (blocage drainant, terrain de tennis...).

■ *Il existe plusieurs types de briques, suivant l'utilisation que l'on veut en faire. En généralisant, on peut distinguer trois grandes familles :*

– D'abord, on trouve les briques les plus simples, c'est-à-dire les briques de parement. Aujourd'hui, on les utilise surtout pour monter des doublages de mur à l'extérieur, construire des murs décoratifs ou des conduits de cheminée. Il y a des briques pleines, perforées, à face lisse ou rugueuse et plus ou moins résistantes. On utilisera des briques perforées pour un enduit extérieur, des briques pleines et denses pour un doublage extérieur, des briques réfractaires (très résistantes) pour les conduits de cheminée.

– Ensuite, la deuxième famille représente les briques plâtrières, c'est-à-dire les briques de cloison et de plafond. Ce sont généralement des briques creuses de grandes dimensions et d'épaisseurs variables (de 40 à 100 mm), selon leur utilisation. Les plus fines permettent de réaliser de simples cloisons de distribution. D'autres, plus épaisses, sont utilisées pour mettre en œuvre des cloisons à haute performance acoustique ou thermique. Entre deux rangées de briques, on glisse un isolant. Quant aux briques de plafond, elles servent quasi exclusivement à bâtir des plafonds suspendus à une charpente ou un plancher par un système d'accrochage non rigide.

– Enfin, la troisième famille sert au gros œuvre pour bâtir l'ossature d'une maison. Il s'agit des briques creuses de construction. Les plus performantes sont les briques Monomur. Selon les fabricants, elles portent des noms différents : bio-brique, climabrique, brique Monomur... Mais elles ont quasiment toutes les mêmes caractéristiques et les mêmes avantages. Ce sont des briques isolantes, solides, saines, faciles à monter et économiques. Bref, un matériau moderne et écologique qui connaît un véritable engouement depuis quelques années.

Les briques sont fabriquées uniquement à base de matériaux naturels, mais elles nécessitent une grande consommation d'énergie pour leur production, même si elles sèchent au soleil.

LES ATOUTS DE LA BRIQUE MONOMUR

– Elle constitue un excellent isolant phonique en atténuant le volume acoustique d'au moins 30 décibels dans la construction, une fois que les enduits extérieur et intérieur sont réalisés.

– Elle ne transmet pas l'humidité extérieure vers l'intérieur, ce qui confère une atmosphère saine et agréable pour les habitants. Pas de moisissures ni de germes.

– Elle est très résistante. Une seule brique peut supporter au moins 100 t. Incombustible, inattaquable par les rongeurs et les insectes, elle résiste aussi aux inondations et permet des constructions en conformité avec les normes parasismiques.

– La mise en œuvre est simple et rapide. Les briques sont assemblées les unes aux autres avec un mortier que l'on applique en faisant des ruptures de joint. C'est-à-dire que l'on prend soin de laisser des intervalles sans mortier pour laisser passer l'air entre les alvéoles des briques. Il s'agit donc d'une construction économique qui nécessite une main d'œuvre réduite.

Pourquoi construire en brique « Monomur » ?

De nombreuses études, réalisées notamment par le CSTB et les fabricants, garantissent les résultats remarquables des Monomurs en brique. Le secret : leur conception alvéolaire. Ces briques sont larges et percées de multiples alvéoles verticales de petite dimension. Cela permet de bénéficier au maximum du pouvoir isolant de l'air. Du coup, un Monomur en brique ne nécessite pas d'isolation particulière. Il est auto-isolant. Les études réalisées sur une maison de 100 m^2 prouvent que l'on peut réaliser une économie d'énergie de l'ordre de 10 % sur le chauffage par rapport à une maison isolée de l'intérieur (c'est-à-dire la plupart des maisons individuelles bâties aujourd'hui avec des parois légères en parpaing).

En outre, la densité de la terre cuite permet d'accumuler la chaleur gratuite du soleil dans la journée pour la restituer la nuit, diminuant ainsi la consommation d'énergie. Cette inertie constitue un excellent régulateur thermique (aussi nommé volant thermique) et assure donc un confort optimal pour les habitants.
En hiver, la diminution des chocs thermiques permet d'éviter les sensations de chaud-froid désagréables.
En demi-saison, le chauffage est quasi inexistant, grâce au soleil emmagasiné dans les parois durant la journée. En été, la maison reste fraîche avec un gain de 4 à 6 °C par rapport à une maison isolée de l'intérieur.
Enfin, l'épaisseur et la résistance mécanique du Monomur permettent d'éviter les ponts thermiques, c'est-à-dire les déperditions de chaleur au niveau des planchers ou des murs de refend. Les calculs montrent qu'il se perd 6 fois moins de chaleur par rapport à un système d'isolation intérieure.

Outre ses avantages d'isolation thermique indiscutables, la brique Monomur permet aussi de faire des économies sur la main d'œuvre : elle se monte facilement.

■ *Un seul inconvénient :* pour bâtir un Monomur de brique, il faut avoir recours à des chaînages en ciment. En effet, il ne suffit pas d'assembler les briques les unes aux autres horizontalement avec un mortier à la chaux. Il faut aussi les relier verticalement. Sur les côtés des briques, de larges rainures sont prévues pour former des cavités dans lesquelles on coule du ciment. Aux angles et sur les murs filants, des briques poteau-linteau sont aussi spécialement évidées pour recevoir une armature en fer et du ciment.

■ *On donnera deux conseils :*

– relier à la terre toutes les armatures métalliques ;

– utiliser du ciment prompt, un ciment naturel fabriqué uniquement à base d'argile et dont l'efficacité suffit amplement pour réaliser des chaînages et même des fondations.

Très résistante, une seule brique Monomur peut supporter au moins 100 tonnes !

LES FIBRES VÉGÉTALES

Évoquer des constructions en fibre végétale peut faire sourire à l'heure où le béton, le métal et le verre sont à la mode. Pourtant, contrairement aux idées reçues, les maisons en paille sont très modernes.

■ *Leur apparition remonte seulement à la fin du siècle dernier*, au Nebraska. Les pionniers américains utilisèrent à tout hasard ce matériau facile à utiliser pour se construire des habitations et se protéger du froid de l'hiver. À leur grande surprise, la paille se révéla un matériau très résistant et surtout parfaitement isolant. Le plus ancien bâtiment connu est une école, construite près de Bayard, au Nebraska, en 1886-1887. Plus tard, dans les années 1920, les pouvoirs publics du Dakota publièrent des manuels de construction destinés à construire des bâtiments agricoles.
À la même époque, en France, l'architecte Feuillette construisait la première maison en ballot de paille avec une ossature en bois et proposait de se servir de ce modèle

économique pour reconstruire les fermes et les habitations paysannes démolies pendant la Première Guerre mondiale.
On trouve aujourd'hui des bâtiments en paille (individuels et collectifs) aussi bien au Canada, qu'en Angleterre, au Danemark, en Norvège, en Écosse et au Québec. Mais force est de constater que cela demeure une technique peu développée, mal connue et utilisée très localement. La plupart des maisons individuelles ont été réalisées en auto-construction, car la technique est facile d'accès et économique.
C'est d'ailleurs pour cette raison également que la paille constitue un matériau moderne. Pour une famille dont les moyens financiers sont limités, la construction en paille donne accès à la propriété. De plus, la construction en paille est fiable et durable, contrairement à ce que peut laisser croire le conte des trois petits cochons. Les plus vieilles habitations connues sont encore en très bon état.

■ *Il n'existe pas plus écologique que la paille* comme matériau – la seule pollution vient de l'essence du tracteur qui récolte les ballots. Il s'agit d'un matériau renouvelable, sans nuisance toxique.
Son pouvoir isolant remarquable permet de réaliser des économies d'énergie non négligeables. On considère généralement qu'un mur en paille équivaut à une isolation de 50 cm de laine minérale.
Reste le feu. L'incendie demeure la première inquiétude face à la paille. Pourtant, il s'agit d'un matériau qui se consume très difficilement : l'enduit qui recouvre les ballots a bien entendu une vertu esthétique mais aussi protectrice.

D'AUTRES SOLUTIONS

La paille n'est pas la seule fibre végétale utilisée dans la construction. On trouve également des bâtiments à ossature en bois et en chanvre.
Les murs sont bien entendu auto-isolants et se recouvrent uniquement d'un mortier de chaux. L'inconvénient demeure le prix de revient.
En revanche, on peut envisager de réaliser des enduits intérieurs à base de chaux et de chanvre pour appliquer sur des murs en terre ou en pierre, ce qui à pour mérite de créer une isolation parfaite sur une faible épaisseur.
Enfin, depuis quelques années, des constructeurs ont mis au point et expérimenté des briques de chanvre, mais à l'heure ou nous écrivons ces lignes, les résultats ne sont pas encore probants.

Grâce à tous ces atouts, la paille intéresse de plus en plus les bureaux d'architecture et les pouvoirs publics qui voient là un moyen de construire vite, propre et à peu de frais. Dans le Jura, la commune de Montholier n'a pas hésité à faire appel à la paille pour réaliser deux habitats locatifs. Commencé au début de l'an 2000, ce chantier est une première en Europe, car auparavant, toutes les constructions en fibres végétales émanaient de commandes de particuliers. Dans le cas de Montholier, il s'agit d'une commande publique avec obligation de garantie décennale et réalisation de différentes études par le CSTB.

Peu connue, la paille présente pourtant tous les avantages que l'on peut souhaiter pour construire une maison : économique, solide, solant, résistant au feu, facile à mettre en œuvre…

LE TOIT

À l'instar de la construction des murs, la conception d'un toit et les matériaux utilisés pour le couvrir doivent répondre à un ensemble de critères précis liés aussi bien à des impératifs techniques que culturels et esthétiques.

COMMENT RECOUVRIR SON TOIT ?

La structure de la charpente, la matière première utilisée dans la région, la facilité de pose et le climat sont autant de facteurs qui déterminent la forme du toit et le matériau de couverture.
Ainsi, dans les régions humides où il pleut souvent, on privilégie les toits à forte pente. On utilise de fines ardoises en Bretagne pour résister au crachin, des tuiles plates en Normandie ou des tuiles écailles en Alsace. En revanche, dans les régions sèches où la pluie se fait rare mais violente, les toits ont de faibles pentes. Ce n'est pas un hasard si dans le Languedoc et en Provence on utilise la tuile canal. Elle se révèle idéale pour évacuer rapidement l'eau des orages.

Dans certaines communes, comme au Grand Bornant ou à Saint-Véran dans les Alpes, les habitants bénéficient de subventions pour couvrir leur toit en bois.

LES ÉLÉMENTS DU TOIT

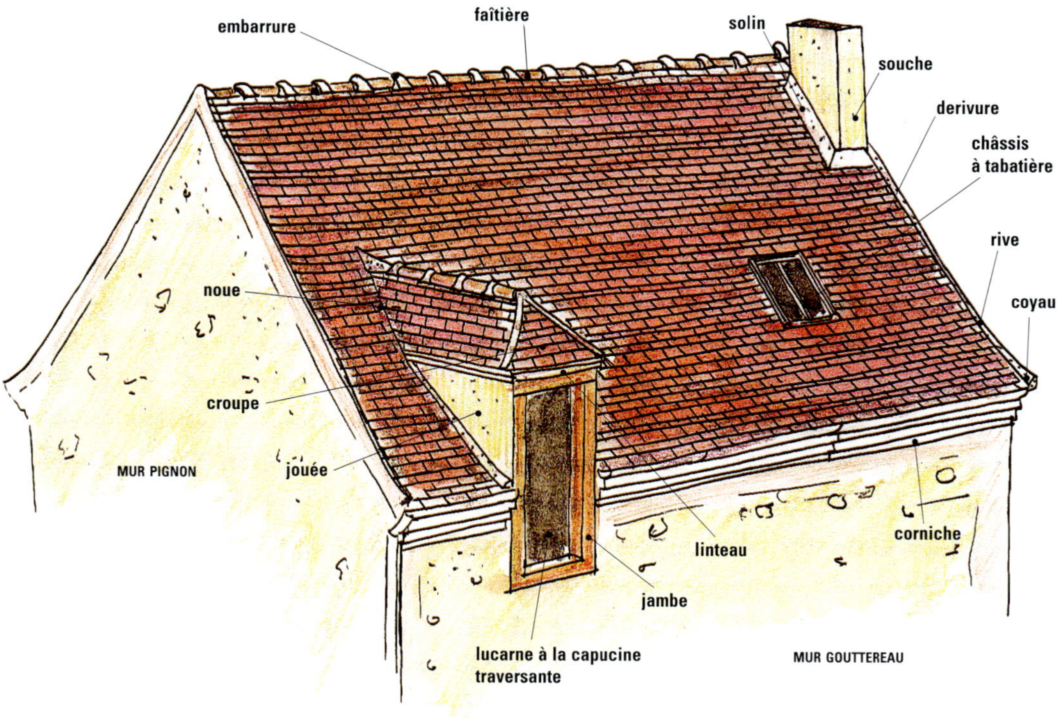

Selon les ouvertures, la pente de la toiture et le poids des matériaux que l'on choisit pour couvrir son toit, la charpente devra être plus ou moins complexe, solide et massive

DES MATIÈRES PREMIÈRES DIFFÉRENTES EN FONCTION DES TYPES DE TOITS

En fonction des matières premières locales et de la solidité de la charpente, différentes couvertures peuvent être utilisées pour :

– les toits dont les pentes sont fortes, c'est-à-dire au-dessus de 60°, on peut utiliser de l'ardoise, de la tuile plate ou des fibres végétales comme le chaume ;

– les toits dont les pentes sont comprises entre 40 et 50°, on peut utiliser de la tuile écaille, de la tuile plate, de l'ardoise, ou de la lauze calcaire ;

– les toits à faible pente, entre 20 et 30°, on utilise la tuile canal, la tuile romaine, les bardeaux de bois (châtaignier, mélèze, épicéa), de la lauze de schiste ou de calcaire, et il est également possible de créer un toit végétal.

Dans tous les cas de figures, il faudra tenir compte de la région et de l'environnement dans lequel se trouve la maison pour réaliser une couverture idéale. En cas de doute sur le choix de la couverture, n'hésitez pas à contacter l'association Maisons Paysannes de France qui possède une documentation complète sur les toitures traditionnelles dans toutes les régions de France. Les CAUE peuvent aussi se révéler une bonne source de renseignements.

COUPE DU FAÎTAGE

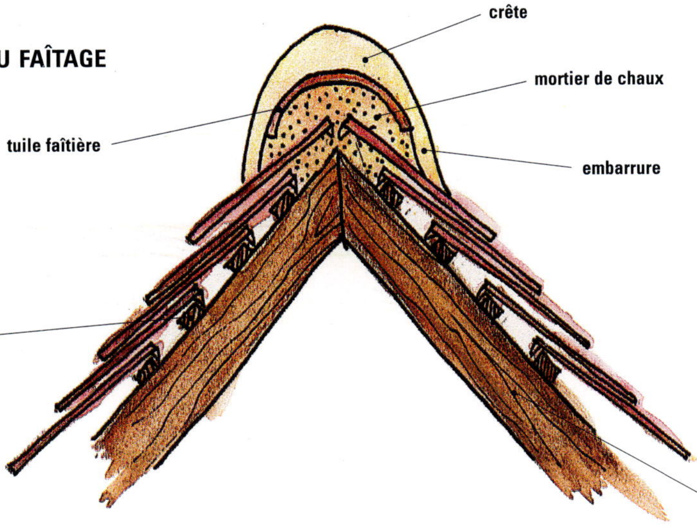

LE TOIT VÉGÉTAL

Dans le nord de l'Europe, il n'est pas rare de croiser des habitations traditionnelles dont les toits sont recouverts de végétation. Cette technique surprenante au premier abord est utilisée aux quatre coins du monde et ne date pas d'hier. Déjà à Babylone, les fameux jardins suspendus empruntaient ce principe de végétalisation des terrasses. Mais jusqu'à une période récente, il fallait utiliser des quantités importantes de terre pour obtenir une densité de végétaux suffisante. Se posaient alors des problèmes de structure des charpentes, d'entretien, d'écoulement, qui se révélaient bien souvent complexes et coûteux à résoudre. Grâce aux progrès réalisés dans l'horticulture et la fabrication de matériaux étanches, il est aujourd'hui possible de concevoir des toits végétalisés avec une faible couche de terre et un entretien rudimentaire.
Ces nouvelles toitures végétales se développent fortement depuis quelques années, particulièrement pour les bâtiments collectifs en milieu urbain. Or les toits végétalisés s'adaptent à tous les types de surface, au nord comme au sud, quels que soient le support et la pente du toit (cela peut aller jusqu'à 100 %). Et les avantages sont nombreux.

Le plus évident, c'est bien entendu l'esthétique. Selon la région où l'on habite, selon ses goûts, on peut opter pour une végétation qui ressemble à de la garrigue avec de la lavande et des graminées, de la lande très colorée ou de la toundra jaune, verte et rouge selon la saison...
Le deuxième atout est écologique.
Les végétaux améliorent la qualité de l'air en filtrant les poussières. Ils constituent

LE TOIT EN CHAUME, MODERNE ET ÉCONOMIQUE

Jusqu'au milieu du XIXe siècle, de très nombreuses maisons étaient recouvertes en chaume dans presque toutes les régions de France, de la Bretagne aux Alpes en passant par la Camargue, l'Auvergne et les Pyrénées. La paille, issue des cultures de sigle et de blé, était une matière première économique et facile à trouver localement. Mais avec le développement des transports, la paille a peu à peu été remplacée par d'autres couvertures, en ardoise et en terre cuite. Pourtant, ses qualités techniques et son aspect esthétique méritent que l'on s'y intéresse encore aujourd'hui. La forte épaisseur de paille assure une bonne étanchéité et une excellente isolation thermique et phonique. Dans une maison en chaume, il fait chaud l'hiver et frais l'été. Bien entretenu, un toit peut durer au moins un demi-siècle. C'est aussi un matériau très léger qui ne pèse que 20 kg au m^2 contre au moins 70 kg pour des tuiles plates. De ce fait, la charpente de votre maison peut être plus légère, moins coûteuse, et laisser davantage de place pour aménager les combles. Pour toutes ces raisons, plusieurs dizaines d'artisans (voir carnet d'adresses) redécouvrent les vertus du chaume et le pose à nouveau dans de nombreuses régions. Les techniques et les matières premières varient. Certains utilisent le seigle, d'autres le roseau ou le genêt. Des subventions sont parfois allouées par les Parcs naturels régionaux, comme en Brière ou en Auvergne.

L'ENTRETIEN D'UN TOIT VÉGÉTAL

Les systèmes d'étanchéité, de filtrage et de drainage ont fait leurs preuves, pourvu que l'entretien soit régulier et efficace. Il s'agit, en effet, du seul inconvénient de la toiture végétale : il faut une maintenance pour nettoyer les évacuations d'eaux pluviales et retirer les plantes parasites qui poussent partout. La taille est surtout nécessaire la 1re année. Quant à l'arrosage, il devient obligatoire pendant les périodes de sécheresse et l'été dans les régions chaudes.

TOIT DE CHAUME

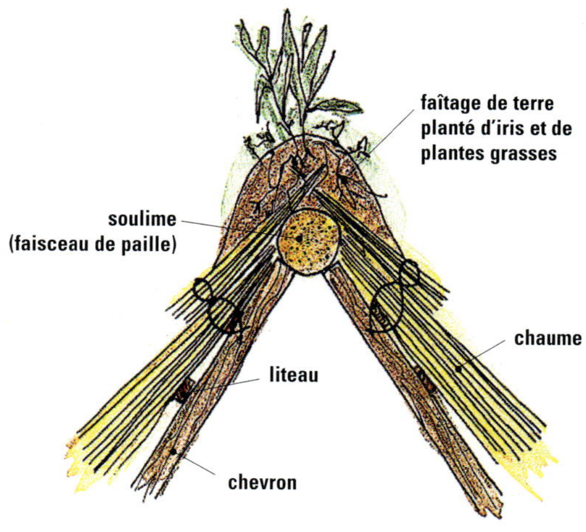

aussi un excellent isolant naturel, à la fois phonique et thermique.
Enfin, dernier avantage, la végétalisation protège la construction. Les plantes préservent la toiture des perturbations atmosphériques et des rayons du soleil. Ce qui permet également d'atténuer les variations de température et d'éviter les chocs thermiques.

Selon les régions, il existe différentes techniques de pose du chaume. Ici, de longues tiges de paille ou de roseaux sont entrelacées verticalement une par une entre les pannes. Il s'agit de tressage.

Pose du chaume

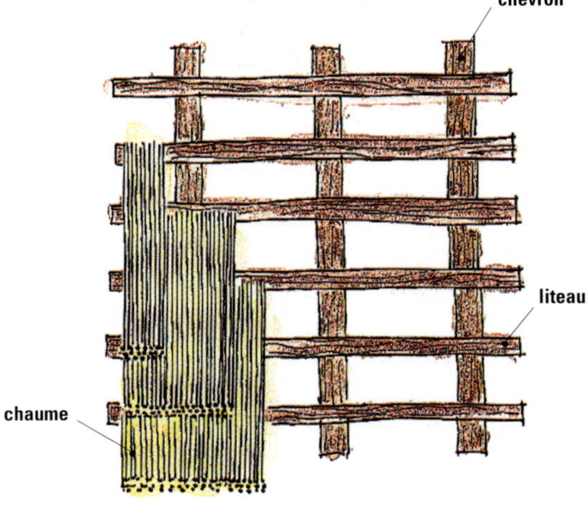

Le toit végétal apporte une touche de nature qui garantit une meilleure intégration au paysage, mais il permet également d'améliorer le climat ambiant, de retenir les fortes pluies et d'assurer une bonne isolation.

Beaucoup d'espèces végétales poussent sur un toit. Les plantes grasses (sedum, jourbarbe…), les graminées (mélique, fétuque, agrostide…) ou celles adaptées aux terrains secs (lavande, thym, marguerite…) sont les plus courantes.

CHAPITRE 6

CARNET D'ADRESSES

180 adresses répertoriées pour vous aider à contacter les professionnels de l'habitat écologique : organismes officiels, marchands de matériaux écologiques, associations, architectes…

ABRÉVIATIONS

ACERMI : association pour la certification des produits manufacturés isolants de bâtiments.
ADEME : agence de l'environnement et de la maîtrise de l'énergie.
ADIL : agence d'information sur le logement.
ANAH : agence nationale pour l'information de l'habitat.
ANDRA : agence nationale pour la gestion des déchets radioactifs.
ANIL : agence nationale d'information sur le logement.
BRGM : bureau de recherches géologiques et minières.
CAUE : conseil architecture, urbanisme et environnement.
CNDB : comité national pour le développement du bois.
CRII-RAD : commission de recherche et d'information indépendantes sur la radioactivité.
CSTB : centre scientifique et technique du bâtiment.
CTBA : centre technique du bois et de l'ameublement.
DIREN : direction régionale de l'environnement.
DRIRE : direction régionale de l'Industrie, de la recherche et de l'environnement.
IPSN : institut de protection et de sûreté nucléaire.
OPAH : opération programmée d'amélioration de l'habitat.
POS : Plan d'occupation des sols.
PPR : Plan de prévention des risques.
PUCA : Plan Urbanisme Construction Architecture.
SDA : service départemental de l'architecture.
ZPPAUP : zone de protection du patrimoine urbain et paysager.

ORGANISMES OFFICIELS

- ADEME
27, rue Louis Vicat
75015 Paris
Tél. : 01 47 65 20 00

- ANAH
12, rue Collégiale
75005 Paris
Tél. : 01 44 07 83 40 0

- ANDRA
Parc de la Croix Blanche
1-7, rue Jean Monnet
92298 Châtenay-Malabry
Tél. : 01 46 11 80 00

- ANIL/ADIL
2, bd St-Martin
75010 Paris
Tél. : 01 42 02 05 50 65 95
Fax : 01 42 41 15 10

- CAUE
Fédération nationale
(Pour obtenir la liste des CAUE par département)
20-22, rue du Commandeur
75014 Paris
Tél. : 01 43 22 07 82
Fax : 01 43 21 42 89

- CENTRE DE PROMOTION DE LA PIERRE ET DE SES MÉTIERS
(voir Construction en pierre)

- CENTRE FRANÇAIS DE L'ELECTRICITE
Espace Élec - CNIT
BP4
92053 Paris la Défense
Tél. : 01 41 26 56 38

- CHAMBRE SYNDICALE NATIONALE DES FABRICANTS DE CHAUX GRASSES ET MAGNESIENNES
30, av. Messine
75008 Paris
Tél. : 01 45 63 02 66

- CNDB
6, av. Saint Mandé
75012 Paris
Tél. : 01 53 17 19 60
Fax : 01 43 41 11 88

- CONSEIL NATIONAL DE L'ORDRE DES ARCHITECTES
(Maisons de l'architecture/conseil)
9, rue Boromée
75015 Paris
Tél. : 01 56 58 67 00

- CSTB
84, av. Jean Jaurès
Champs-sur-Marne
77421 Marne-la-Vallée CEDEX 2
Tél. : 01 64 68 82 82
ou
4, av. du Recteur Poincaré
75782 Paris CEDEX 16
Tél. : 01 40 50 28 28

- CTBA
10, av. de Saint Mandé
75012 Paris
Tél. : 01 40 19 49 19
Fax : 01 43 40 85 65

- DIREN
Liste régionale auprès du Ministère de l'Environnement

- DRIRE
Liste régionale auprès du Ministère de l'Environnement

- FÉDÉRATION DES FABRICANTS DE TUILES ET BRIQUES : MONOMUR
17, rue Letellier
75015 Paris
Tél. : 01 44 37 07 11
Fax : 01 44 37 07 20

- INSTITUT SUPÉRIEUR DE RECHERCHE ET DE FORMATION AUX MÉTIERS DE LA PIERRE
(voir Construction en pierre)

- IPSN
77-83, av. du Général de Gaulle
92140 Clamart
Tél. : 01 46 54 70 80

- MINISTÈRE DE L'AMÉNAGEMENT DU TERRITOIRE ET DE L'ENVIRONNEMENT
20, av. de Ségur
75302 Paris 07 SP
Tél. : 01 42 19 20 21

- **Ministère de l'Équipement**
Plan construction et architecture
(Recherche dans tous les domaines de l'habitat et l'environnement)
Grande Arche
92055 La Défense CEDEX 04
Tél. : 01 40 81 21 22

- **Union des entreprises d'affinage de l'eau**
22, rue de la pépinière
75008 Paris
Tél. : 01 42 93 42 42
Fax : 01 45 22 33 55

Marchands de matériaux écologiques

- **Ame services (Bretagne/Normandie)**
La Pichardière
53960 Bonchamp les Lavals
Tél./fax : 02 43 90 91 00

- **Arboga**
16, chemin Fillet
33750 Carmasac
Tél. : 05 56 30 15 98
Fax : 05 56 30 10 73

- **Bien-être matériaux**
10, rue St Marc
75002 Paris
Tél. : 01 45 81 08 80
Fax : 01 45 81 11 41

- **Bio-décors**
BP6, RN 96
04700 La Brillanne

- **Biodécor**
Route de Rouville
63940 Marsac en Livradois
Tél./fax : 04 73 95 62 32

- **Bio-logis**
Le Bourg
43210 Valprivas
Tél. : 04 71 66 99 32
Fax : 04 71 66 73 03

- **Clair'espace**
4, rue des Bonne Gens
67000 Strasbourg
Tél. : 03 88 75 11 85
Fax : 03 88 22 32 82

- **Domus**
BP 50
F.09120 Varilhes
Tél. : 05 61 67 73 45
Fax : 05 61 60 86 66

- **Écofa**
10, rue du Bernstein
67650 Dambach-la-Ville
Tél. : 03 88 92 49 92
Fax : 03 88 92 48 94

- **Écomaison**
24, rue des Études
11300 Limoux
Tél. : 04 68 31 92 50

- **Écotec France**
20, Hunabuhl
68230 Niedermorschwihr
Tél. : 03 89 27 01 19
Fax : 03 89 27 07 08

- **Habitat sain**
Le Pavillon
35131 Pont-Péan
Tél. : 02 99 52 82 87
Fax : 02 99 05 79 67

- **Habiter naturel**
22 bis, av. Jules Ferry
92240 Malakoff
Tél. : 01 46 56 93 18
Fax : 01 46 56 29 81

- **Le comptoir de la maison saine**
30, rue Vaneau, 75007 Paris
Tél. : 01 47 05 57 80
Fax : 01 47 05 57 85

- **Les jurandes**
51, rue des Couteliers
03000 Moulins
Tél. : 04 70 46 41 54

Chauffage

Informations énergies renouvelables
- **Ademe**
(voir Organismes officiels)

- **Association savoyarde de développement des énergies renouvelables (ASDER)**
51, rue des Couteliers
F.03000 Moulins
Tél. : 04 70 46 41 54

- **Comité liaison énergies renouvelables**
28, rue Jules Ferry
931100 Montreuil
Tél. : 01 55 86 80 00
e-mail : cler@worldnet.fr

- **Observ'er**
Observatoire sur les énergies renouvelables qui publie notamment un catalogue de tous les professionnels du solaire en France.
146, rue de l'université
75007 Paris
Tél. : 01 44 18 00 80
Fax : 01 44 18 00 36
e-mail : observ.er@wanadoo.fr
Internet : www.observ-er.org

Chauffage solaire
- **Clipsol T2I**
Parc d'activités économiques des Combaruches
73100 Aix-les-Bains
Tél. : 04 79 34 35 36
Fax : 04 79 34 35 30
Internet : www.clipsol.com

- **Giordano**
529, av. de Fleuride
ZI les Palluds
13685 Aubagne
Tél. : 04 42 85 58 00
Fax : 04 42 70 08 70

- **Joannes**
Parc d'Activités
Logis Neuf
69780 Toussieu
Tél. : 04 72 48 03 03
Fax : 04 72 48 03 01

- **Rotex**
Eau chaude solaire
(voir Récupération d'eau de pluie)

Chauffage géothermique
- **France geothermie**
386, rue des Sources
CEDEX 112 A Centre Hermès
38920 Crolles
Tél. : 04 76 77 56 09
Fax : 04 76 77 56 08

- **Sofath**
ZI de Morlon
BP 100
26802 Portes-les-Valence
CEDEX
Tél. : 04 75 57 30 30
Fax : 04 75 57 24 00
e-mail : sofath@sofath.com
Internet : www.sofath.com

- **Solterm**
Z.I du Landy, BP 11
56450 Theix
Tél. : 02 97 43 11 20
Fax : 02 97 43 16 72

Chauffage bois
Chaudière automatique
- **Énergie 79**
Z I route de Niort
79160 Coulonges/L'Autize
Tél. : 05 49 06 06 60
Fax : 05 49 06 00 60

- **Compte R**
Z I de Vaureil
63220 Arlanc
Tél. : 04 73 95 01 91
Fax : 04 73 95 15 36

Chaudière à buche
- **Chaudière chappée XP2**
157, av. Charles Floquet
93158 Le Blanc Mesnil
CEDEX
Tél. : 01 45 91 56 00
Fax : 01 45 91 57 98

- **De Diétrich thermique**
57, rue de la Gare
BP 30
67580 Mertzwiller
Tél. : 03 88 80 27 00
Fax : 03 88 80 27 99

Caloritube alpha / poêle en faïence
- **Oliger SA**
40, rue du stade
57820 St Louis
Tél. : 03 87 07 96 96
Fax : 03 87 07 97 97

Cheminée avec récupérateur de chaleur
- **Polyflam**
CDK International
60410 Verberie
Tél. : 03 44 40 90 43
Fax : 03 44 40 99 23

Poêle
- **France turbo**
ZI Les Serres
26600 La Roche de Glun
Tél. : 04 75 84 76 19
Fax : 04 75 84 69 94

- **Godin**
66, route nationale
41260 La Chaussée St Victor
Tél. : 02 54 74 53 90

- **Jotul France**
3, chemin de Jubin, BP 31
69571 Dadilly CEDEX
Tél. : 04 72 52 22 40
Fax : 04 72 52 22 45

- **Tulikivi**
Serprest
3, rue de la Ferme St-Ladre
ZA St Ladre
57157 Metz/Marly

Poêle et cheminée
- **Focus**
34380 Viols le Fort
Tél. : 04 67 55 01 93
Fax : 04 67 55 77 77
e-mail : info@focus-creation.com

Chauffage électrique
- **Centre français de l'électricité**
(voir Organismes officiels)

- **Heliosphoton**
M. Jules Lefevere
7, rue Pré des Haz
5060 Tamines
Belgique
Tél. : 00 32 71 77 56 44
Fax : 00 32 71 77 55 17

Matériaux d'isolation

- **Acermi**
84, av. Jean Jaurès, BP2
77421 Marne-la-Vallée
CEDEX 2
Tél. : 01 64 68 82 82

Billes d'argile
- **Laterlite**
29 C, rue du Bourbonnais
69009 Lyon
Tél. : 04 78 47 10 64
Fax : 04 78 83 20 27

Cellulose
- **Domexcel**
Domus
(voir Matériaux écologiques)

- **Gonnet isolation**
Lieu dit « La Gare »
Grenay B.P. 29
38540 Heyrieux
Tél. : 04 78 79 52 62
Fax : 04 78 79 05 26
www.pagescom/gonnetisolation

Chanvre
- **Batichanvre**
155, cours Berriat
38028 Grenoble CEDEX 1
Tél. : 04 76 70 94 66
Fax : 04 76 70 94 66

- **La chanvrière de l'Aube**
Rue du Général de Gaulle
10200 Bar sur Aube
Tél. : 03 25 92 31 95
Fax : 03 25 27 35 48

- La chanvrière du Belon
Kerampicard
29340 Riec-sur-Belon
Tél. : 02 98 06 45 34
Fax : 02 98 06 41 99

- Isochanvre
Le Verger
72260 René
Tél. : 02 43 97 45 18
Fax : 02 43 97 65 44
e-mail : chanvre.isochanvre@wanadoo.fr

Laine de mouton
- Domus
(voir Matériaux écologiques)

Liège
- Au liégeur
17, av. de la Motte-Picquet
75007 Paris
Tél. : 01 47 05 53 10
Fax : 01 47 53 79 29

- Liègexpan
55, rue de la libération
57510 Loupershouse - Ellviller
Tél. : 03 87 09 62 76/03 88 41 93 69
Fax : 03 87 02 63 20

- Liegisol
20, rue de Moscou
40140 Soustons
Tél. : 05 58 41 38 66
Fax : 05 58 41 10 03

Lin
- Textinap
4, rue Marcel Vardelle
BP 1037
87050 Limoges CEDEX
Tél. : 05 55 01 46 67
Fax : 05 55 50 87 73

Panneaux isolants
- Fermacell
(Plaque de gypse renforcé par fibres)
30, rue de l'Industrie
92563 Rueil-Malmaison CEDEX
Tél. : 01 47 16 92 90
Fax : 01 47 16 92 91
Internet : www.fels.fr

- Gutex
(voir Domus)

- TBF
(Billes d'argiles pour mortier et agglomérés prêts à l'emploi)
RN 141
16270 Roumazieres-Loubert
Tél. : 05 45 39 51 01
Fax : 05 45 39 63 53

Peintures

- Caparol France
Caparol Bio et Capachaux
5, rue des Clomarts, 2. I
77871 Montereau CEDEX
Tél. : 01 60 73 56 56
Fax : 01 60 73 56 58

- Écopeinture
2, rue Arthur Honneger
78100 St-Germain-en-Laye
Tél. : 01 34 51 51 14
Fax : 01 34 51 15 41

- Peinture à la chaux Blancolor
Rue de Mousselière
30133 Les Angles
Tél. : 04 90 15 22 50
Fax : 04 90 15 22 51

- Peinture Biofa
Europ-Labo
3, rue Gutenberg, BP 24
67610 La Wantzenau
Tél. : 03 88 59 22 85
Fax : 03 88 59 22 82

- Peinture Holzweg
Écotec France
(voir Marchands de matériaux)

- Peintures Minérales Keim
Parc d'activité République Carnot
2, allée des Érables
69692 Venissieux CEDEX
Tél. : 04 78 70 55 55
Fax : 04 78 70 56 57

- Ressource
2-4, av. du Maine
75015 Paris
Tél. : 01 42 22 58 80
Fax : 01 42 22 29 07

Revêtements de sol

Fibres naturelles
- Crucial Trading
35, bd Saint-Germain
75005 Paris
Tél. : 01 40 51 05 66
Fax : 01 40 51 05 06

- Toulemonde Bochart
ZI de Villemilan
91321 Wissous
Tél. : 01 69 20 40 30
Fax : 01 69 81 73 12

Lino naturel
- DLW France
ZAC de Paris Nord II
Le Parc des reflets, Bat. F2
165, av. du Bois de la Pie
BP 40002
95911 Roissy Charles de Gaulle CEDEX
Tél. : 01 49 38 92 60
Fax : 01 48 63 02 84

- Sommer
2, rue de l'Égalité
92748 Nanterre CEDEX
Tél. : 01 41 20 40 40
Fax : 01 47 21 49 09

Tuiles et terres cuites
- Briqueterie d'Allonne
5, ancienne route de Paris
60000 Allonne
Tél. : 03 44 02 06 82
Fax : 03 44 02 29 79

- Entreprise Guiraud frères
114, rue de l'Embouchure
31018 Toulouse CEDEX
Tél. : 05 61 26 54 00
Fax : 05 61 13 44 72

- Entreprise Yvon Cailleau
Route de Bazouges
49430 Les Rairies
Tél. : 02 41 76 32 09
Fax : 02 41 76 34 39

Construction en terre

- Akterre
Construction et matériaux
en terre
Le Gît
38210 Saint-Quentin-sur-Isère
Tél. : 04 76 07 42 05
Fax : 04 76 07 42 07
e-mail : akterre.ak@infonie.fr

- Association des artisans du torchis
(voir Associations)

- Habiterre
57, rue principale
67220 Lalaye
Tél./fax : 03 88 57 34 38

Construction en bois

- Aaland chalets
L'Écluse Grandmont, RN 20
87240 St Sylvestre
Tél. : 05 55 71 33 10
Fax : 05 55 71 34 92

- Afcobois
Association des entreprises
françaises de construction bois
10, rue du Débarcadère
75017 Paris
Tél. : 01 40 55 14 98
Fax : 01 40 55 14 97

- Ambiance bois
Route d'Eymoutiers
23340 Faux La Montagne
Tél. : 05 55 67 94 06
Fax : 05 55 67 97 02

- Arbre de lumiere
(Forestier/distributeur
de mélèze)
Les Gondoins
05250 Champolion
Tél. : 04 92 55 90 78

- Association Deffi-bois
Formation/Conseil.
(voir Associations)

- Atelier de Baretous
Jean-Marc SATGE
(Maison en bois et bardeaux de bois)
64570 Feas
Tél. : 05 59 39 42 97
Fax : 05 59 36 10 00

- Charpentiers d'Uzes
Roland STUDER
Plan d'Albi
30700 Aigaliers
Tél. : 04 66 22 53 50
Fax : 04 66 22 48 17

- CNDB
(voir Organismes officiels)

- CTBA
(voir Organismes officiels)

- Écomaison
Traitement du bois
(voir Marchands de matériaux)

- Hector
(Traitement du bois)
22A, rue Claire Oster
57200 Sarreguemines
Tél. : 03 87 85 33 20

- Ipso facto
Industrieterrein
Legen Heirweg 23/1
B-9890 Gavere-Asper
Belgique
Tél. : 32 (0) 9 384 78 02/03
Fax : 32 (0) 9 384 78 04

- Société Servajean & fils
ZA de l'Étang
63290 Puy Guillaume
Tél. : 04 73 94 11 04
Fax : 04 73 94 19 60

Construction en brique

- Fédération des fabricants de tuiles et briques :
Monomur
(voir Organismes officiels)

- GPS
Route d'Auch, BP 313
31773 Colomiers CEDEX
Tél. : 05 61 30 61 30
Fax : 05 61 30 61 07

- Groupe Bouyer Leroux
BP 5
49280 La Séguinière
Tél. : 02 41 63 76 20
Fax : 02 41 63 76 35

- IRB
Les Plantées
42680 Saint-Marcellin-en-Forez
Tél. : 04 77 52 85 13
Fax : 04 77 52 81 48

- Migeon briques
01190 Pont de Vaux
Tél. : 03 85 36 80 80
Fax : 03 85 30 65 19

- Sturm
50, rue des Vignes
Wolfisheim, BP 20
67032 Strasbourg CEDEX
Tél. : 03 88 10 35 80
Fax : 03 88 10 35 81

Construction en pierre

- Centre de promotion de la pierre et de ses métiers
ZAC Les Chassagnes
09360 Ternay
Tél. : 04 72 24 89 33
Fax : 04 72 24 61 93

- Institut supérieur de recherche et de formation aux métiers de la pierre
avenue St-Pierre
12000 Rodez
Tél. : 05 65 68 87 32
Fax : 05 65 68 87 34
Internet :
www.contact@institut-de-la-pierre.com

- Rocamat, pierre naturelle
58, quai de la Marine
93450 L'Île-Saint-Denis
Tél. : 01 49 33 26 00
Fax : 01 48 09 81 78

CONSTRUCTION EN PIERRES ISOLANTES

- **BISOTHERM**
9, rue des Vosges
BP 6
67230 Huttenheim
Tél. : 03 88 58 73 58
Fax : 03 88 58 73 59

CHAUX

- **BOEHM ET CIE**
67310 Dahlenheim
Tél. : 03 88 38 11 60
Fax : 03 88 38 85 71

- **CHAMBRE SYNDICALE NATIONALE DES FABRICANTS**
de chaux grasses et magnesiennes
(voir Organismes officiels)

Chaux aérienne
- **BALTHAZARD ET COTTE**
15, rue Dagallier
38000 Grenoble
Tél. : 04 76 33 58 00
Fax : 04 76 33 58 33

Chaux hydraulique
- **CESA**
(Chaux hydrolique et enduits de l'Astier)
40110 Saint-Astier
Tél. : 05 53 54 11 25
Fax : 05 53 04 67 91

- **STRASSERVIL**
1114, route d'Antibes
06410 Biot
Tél. : 04 93 65 08 52
Fax : 04 93 65 19 93

TOITURE VÉGÉTALE

- **DOMAINE DU MARQUENTERRE**
Laurent Meurot
Philippe Walker
80120 St Quentin-en-Tourmont
Tél. : 03 22 25 02 71
Fax : 03 22 25 08 79

- **MAISON PAYSANS DE FRANCE**
(voir Associations)

- **LAURENT MONESTIER**
Entre deux rives
15250 Marmanhac
Tél. : 04 71 47 34 69
Fax : 04 71 47 35 05

- **ARNAUD KLAVUN**
23, route de la Pouge
19340 Eygurande
Tél. : 05 55 94 41 88

- **SOPREMA**
BP 121
67025 Strasbourg CEDEX
Tél. : 03 88 79 84 00
Fax : 03 88 79 84 01
e-mail :
headquarter@soprema.com
Internet : www.soprema.com

INSTALLATION ÉLECTRIQUE

PRODUCTION D'ÉLECTRICITÉ EN ÉNERGIE RENOUVELABLE

Éolienne
- **VERGNET INDUSTRIE**
6, rue H. Dunant
45140 Ingré
Tél. : 02 38 43 36 52
Fax : 02 38 88 30 50

Micro-hydraulique
- **ÉNERGIES NOUVELLES ENTREPRISES**
Le Mas d'Éole
Saint Come
D 703
30730 St Mamert
Tél. : 04 66 81 12 36
Fax : 04 66 63 21 31

- **JIM CLARK SOCIÉTÉ**
18320 Torteron
Tél. : 02 48 76 02 95
Fax : 02 48 76 13 83
Internet : www.jim-clarck.com

- **NOVA ÉNERGIES**
ZA Horizon Vert
34270 Lauret
Tél. : 04 67 59 98 08
Fax : 04 67 59 98 07
Internet :
www.nova-energies.com

Solaire photovoltaïque
- **FORTUM AES**
Le Luzard 3
35, allée du 12 février 1934
77437 Noisiel
Tél. : 01 60 37 35 60
e-mail : napsFrance@wanadoo.fr

- **PHOTOWATT**
33, rue St Honoré
Champfleuri
38300 Bourgoin Jallieu
Tél. : 04 74 93 80 20
Internet : www.photowatt.com

- **SOLAREX**
302, av. des Bigochets
78670 Villenes/Seine
Tél. : 01 39 08 05 00
Internet : www.solarex.com

Réduction des champs électromagnétiques
- **IPAX**
47, rue Maurice Flandin
69003 Lyon
Tél. : 03 85 25 43 30

- **TELLITE**
3 bis, rue des Deux Places
69009 Lyon
Tél. : 04 72 53 00 53
Fax : 04 72 53 03 21

TRAITEMENT DES EAUX USÉES/LAGUNAGE

- **ATELIER REEB**
13, quai des Bateliers
F 67000 Strasbourg
Tél. : 03 88 36 07 54
Fax : 03 88 37 31 36
- **DOMAINE DU AMRQUENTERRE**
(voir Toiture végétale)

- **NATURE ET TECHNIQUE S.I.N.T.**
Le bourg
69610 Montromand
Tél. : 04 74 26 24 04
Fax : 04 74 26 24 03

- **VIGNERON ET PARTENAIRES**
87, rue du Général de Gaulle
67190 Dinsheim
Tél. : 03 88 50 00 20
Fax : 03 88 50 00 71

Toilettes à compost écologique
- **Écosphère**
28, place des Arcades
26110 Nyons
Tél. : 04 75 26 10 44
Fax : 04 75 26 05 60

- **Éco-Sud**
BP 521
65005 Tarbes CEDEX
Tél. : 05 62 36 45 52

Traitement des eaux, adoucisseurs et filtres

- **Culligan France**
4, rue des Charmes
ZA du Buisson de la Couldie
75190 Trappes
Tél. : 01 30 16 23 23
Fax : 01 30 16 23 56

- **Permo - Bwt France**
103, rue Charles Michels
93206 Saint-Denis CEDEX
Tél. : 01 49 22 46 46
Fax : 01 49 22 46 50

Récupération d'eau de pluie

- **Neutra Sarl**
50, Grand'Rue
67110 Gundershoffen
Tél. : 03 88 72 99 27
Fax : 03 88 72 99 36
- **Rotex**
BP 22
68001 Colmar CEDEX
Tél. : 03 89 21 74 70
Fax : 03 89 21 74 79

- **Vigneron et partenaires**
(voir Traitement des eaux usées)

Pigments/ocres naturels

- **Bleu de Lectoure**
Ancienne Tannerie - Pont de Pile
32700 Lectoure
Tél./fax : 05 62 68 78 30
e-mail : bleupastel@aol.com
Internet :
www.bleu-de-lectoure.com

- **Les ocres de Puysaye**
31, rue des rivières Saint-Agnan
58200 Cosne-sur-Loire
Tél. : 03 86 28 01 21
Fax : 03 86 28 20 05
e-mail : ocrepuisay@aol.com

- **Les trois matons**
337, RN 97 route de la Farlède
83130 La Garde
Tél. : 04 94 14 93 95
Fax : 04 94 14 93 96

- **Maison Sennelier**
3, quai voltaire
75007 Paris.
Tél. : 01 42 60 72 15

- **Société des ocres de France**
Impasse des ocriers
BP 18, Apt CEDEX
Tél. : 04 90 74 63 82
Fax : 04 90 74 46 75

Jardin

- **Agresta distribution**
(Fibres de bois pour le jardin)
218, chaussée Jules César
95250 Beauchamp
Tél. : 01 34 18 35 50
Fax : 01 34 18 35 51

- **Joël Rouillé, osiericulteur**
(Clôtures en osier)
7, rue de la masselière
37190 Villaines-les-rochers
Tél. : 02 47 45 33 14
Fax : 02 47 45 91 74
e-mail : jrouille@club-internet.fr
Internet : www.perso.club-internet.fr/jrouille

- **Poterie Ravel**
Avenue des Goums
13400 Aubagne
Tél. : 04 42 82 42 00
Fax : 04 42 82 42 01

Pépiniéristes
(Graines et plants de fruits et légumes bio et anciens)
- **Biau germe**
Tél. : 05 53 95 95 04

- **Graines Baumaux**
BP 100
54062 Nancy CEDEX
Tél. : 03 83 15 86 86
Fax : 03 83 15 86 80

- **La ferme Sainte-Marthe**
Le Ranch
41120 Cormeray
Tél. : 02 54 44 20 86
Fax : 02 54 44 21 70

- **Pépinières Jouve-Racamond**
Mas Saint-Jean
13670 Saint-Andiol
Tél. : 04 90 95 00 07

- **Terre de semences**
Pist Oasis
131, Impasse des Palmiers
Bâtiment C
30100 Alès
Tél. : 04 66 30 64 91
Fax : 04 66 30 61 21

Associations

- **Acroterre**
Conseil construction en terre
60, place des Géants
38100 Grenoble
Tél. : 04 76 33 08 34
Fax : 04 76 33 30 54

- **Afcobois**
Association des entreprises françaises de construction bois
(voir Construction en bois)

- **Association Arcanne**
Conseil en construction naturelle
Samuel Courgey
rue de Vaulgrenant
39300 Pagnoz
Tél./fax : 03 84 37 88 37

- **Association Construire en chanvre**
Nathalie Prost
Chanay de la Passe
18260 Jars
Fax : 03 86 88 92 50
e-mail : construire.chanvre@wanadoo.fr

- **Association HQE**
Association pour la haute qualité environnementale des bâtiments
siège social : ARENE, 6, rue Monsieur, 75007 Paris
bureau : Gilles OLIVE (IC), Villa Pasteur, 83, bd Macdonald, 75019 Paris
Tél. : 01-42-05-45-24
Fax : 01-42-05-64-69
e-mail : g.olive@worldnet.fr

- **Association pour la construction en fibres végétales**
41, rue du Lieutenant Picard
78400 Chatou
ou
M. Lorenzo Robles, chef du bois
29350 Mœlan-sur-mer
Tél. : 05 49 60 09 27

- **Batir sain**
23, rue de Lutèce
92160 Antony
Tél. : 01 40 96 10 82

- **Centre international de la construction en terre**
60, av. de Constantine
BP 2636
38036 Grenoble CEDEX 2
Tél. : 04 76 40 66 25
Fax : 04 76 22 72 56
e-mail :craterre-eag.grenoble @grenoble.archi.fr

- **Comité 21**
Comité français pour l'environnement et le développement durable (Organise des colloques, rencontres sur les problèmes d'environnement, publications pratiques, exposition itinérante Éco-Logis, sur l'habitat, la santé et l'environnement)
11 bis, rue Portalis
75008 Paris
Tél. : 01-44-90-88-95
Fax : 01-44-90-88-94
e-mail : comite21@worldnet.fr
Internet : www.comite21.org

- **Crii-Rad**
471, av. Victor Hugo
26000 Valence
Tél. : 04 75 41 82 50
Fax : 04 75 81 26 48
e-mail : contact@criirad.com
Internet : www.criirad.com

- **Deffi bois**
Conseil/formation construction en bois
Thinereilles
42560 St-Jean Soleymieux
Tél. : 04 77 76 76 76
Fax : 04 77 76 53 25
e-mail : deffibois@wanadoo.fr

- **École du Feng shui**
Tél. : 02 99 31 97 97

- **Feng shui France**
Tél. : 01 34 80 90 30

- **Gefosat**
Association pour promouvoir l'efficacité énergétique
Maison de la Mer
Quai Baptiste Guitard
34140 Mèze
Tél. : 04 67 18 77 02
Fax : 04 67 43 01 24
e-mail : gefosat@imaginet.fr

- **Habitat sain**
Association pour promouvoir l'habitat écologique
1, rue Albert Saltzmann
F.68410 Trois-Épis
Tél. : 03 89 49 89 09
Fax : 03 49 89 83 25

- **Le gabion**
Association de promotion et de conseil en construction écologique (bois, terre, paille)
Parc d'entraigues
Embrun 05200
Tél. : 04 92 43 19 19
Fax : 04 92 43 89 66
Internet : www. perso. wanadoo.fr/gabion

- **Maisons paysannes de France**
Association de sauvegarde et de conseil en patrimoine rural
8, passage des Deux Sœurs
75010 Paris
Tél. : 01 44 83 63 63
Fax : 01 44 83 63 69

- **Pisé, terre d'avenir Auvergne**
Association pour la promotion de la construction en terre
20, rue des Peupliers
63260 Thuret
Tél. : 04 73 97 91 07
Fax : 04 73 97 93 38
e-mail : piseter63@wanadoo.fr

- **Pisé, terre d'avenir Midi-Pyrénées**
16, rue Jules Ferry
31120 Portet-sur-Garonne
Tél. : 05 62 20 50 93
Fax : 05 62 20 50 98
e-mail : piseter31@wanadoo.fr

- **Pisé, terre d'avenir Rhône-Alpes**
rue des roches
69930 St-Laurent-de-Chamousset
Tél. : 04 74 26 55 61
Fax : 04 74 26 51 08
e-mail : piseter69@wanadoo.fr

Architectes

- **Rémi et Charlotte Alexandre**
BP 39 - 06460 Saint-Vallier-de-Thiey
Tél. : 04 93 42 65 23
Fax : 04 93 42 61 14

- **Aps**
Jean Fouin & Yannick Champain
83, rue Saint Waast
02400 La Ferté Milon
Tél. : 03 23 96 47 11
Internet : www.apsis.webjump.com

- **Archigram**
113, Galerie de l'Arlequin
38100 Grenoble
Tél. : 04 76 22 10 74
Fax : 04 76 33 30 54

- Atelier de l'entre
Yves Perret
8, rue d'Urfé, 42000 Saint-Étienne
Tél. : 04 77 37 28 12

- Xavier Belhomme
7, rue du Faubourg Figuerolles
34070 Montpellier
Tél. : 04 67 58 04 54
Fax : 04 67 92 25 11

- Bruno Boschetti
17, rond-point André Malraux
92100 Boulogne
Tél. : 01 47 12 97 79
Fax : 01 47 12 95 48

- Jean François Collart
30, rue Vauraise
31590 Verseil
Tél./fax : 05 34 27 44 47

- Jean Colzani
Centre de terre de Lavalette
31590 Lavalette
Tél. : 05 61 84 73 98
Fax : 05 61 84 39 51
e-mail :
archeologie@iname.com

- Jean-Marie Haquette
1138, chemin de la Valmoura
06530 Saint Cézaire
Tél./fax : 04 93 60 26 52

- Patrick Petit
118, avenue de la résistance
93340 Le Raincy
Tél./fax : 01 43 81 19 61

- P. H. I. - Dominique Petry-Amiel
400 bis, av. Hugues Bérenguier
06610 La Gaude
Tél. : 04 93 24 44 98
Fax : 04 93 24 45 25

- Jean-Luc Thomas
1, rue Chanoine Saltzmann
68410 Trois-Épis
Tél. : 03 89 49 89 89
Fax : 03 89 49 83 25

Constructeurs

- Art de l'habitat et du commerce ancien
Francis Bardoula
92, rue Victor Hugo
94200 Ivry-sur-Seine
Tél./fax : 01 45 21 02 03

- Xavier Planson
67, av. Parmentier
75011 Paris
Tél. : 01 53 36 01 48/
06 80 66 57 63

- Tom Rijven
Tél. : 06 03 97 46 84
e-mail :
tomrijven@hotmail.com

Conseils

- Arcanne
(voir Associations)

- Bio-lopin
(Aide à la construction en bois, paille et matériaux naturels)
39570 Saint-Maur
Tél. : 03 84 44 23 92

- Centre terre vivante
BP 20, 38710 Mens CEDEX
Tél. : 04 76 34 80 80
Fax : 04 76 34 84 02

- CSTB
(voir Organismes officiels)

- Gaujard technologie
11, rue de la Velouterie
84000 Avignon
Tél. : 04 90 82 09 69
Fax : 04 90 86 95 00
e-mail : gaujard.olivier@wanadoo.fr

- Michel Jambon
construction en bois
2, rue Cardinal
34240 Lamalou les Bains
Tél. : 04 67 95 53 14
Fax : 04 67 95 53 21

- Le gabion
(voir Associations)

- Maisons paysanes de France
(voir Associations)

- Jean-Pierre Oliva
La plaine du Pont
26510 Sahune
Tél. : 04 75 27 45 53
Fax : 04 75 27 40 88

- Jean Terrier
Consultant
28, rue A. Chabaud
84000 Avignon
Tél./fax : 04 90 89 43 69

- Tribu
Bureau d'études environnement
19, rue Frédérick Lemaître -
75020 Paris
Tél. : 01-43-49-55-75
Fax : 01-43-49-57-07
e-mail :
tribu.conseil@wanadoo.fr

Cette liste d'adresses n'est pas exhaustive. Elle est le résultat de l'enquête de l'auteur pour réaliser cet ouvrage.

BIBLIOGRAPHIE

- Association HQE, *Intégrer la qualité environnementale dans les constructions publiques*, CSTB, 1998.

- Association Pisé, terre d'avenir, *Le Pisé; patrimoine, restauration, technique d'avenir*, éd. Créer, 1993.

- Aubert Claude, *Poêles, inserts et autres chauffages au bois : les nouveaux matériels, performants et économes*, Terre Vivante, 1999.

- Bardou Patrick et Arzoumanian Varoujan, *Archi de terre*, Parenthèses, 1978.

- Benoît Yves, *Le Guide des essences du bois*, CTBA/Eyrolles, 1997.

- Brun Frédéric et Techer Laure, *Pour un habitat soutenable*, éd. Europe et Environnement, 1995.

- Cauwel Arnaud, *L'Architecture de paille*, éd. Association pour la construction en fibres végétales, 1997.

- Chataigner Albert, *La Peinture à l'huile à l'ancienne*, éd. Utovie 40 320 Bats.

- Collectif, *Maisons solaires, maisons d'aujourd'hui*, éd. Systèmes solaires.

- Collectif, *Trente six modèles pour une maison*, éd. périphériques, 1998.

- CRAterre, *Construire en terre*, éd. Alternatives et Parallèles, 1979.

- De Guise Clôde, *Vers un habitat écologique : ce qu'il faut savoir avant d'entreprendre la construction de sa maison*, éd. de Mortagne, 1993.

- Dillenseger Jean Paul, *Habitation et santé*, éd. Dangles, 1990.

- Dr Suzanne et Pierre Déoux, *Habitat-Qualité-Santé : le guide de l'habitat sain*, éd. Médieco, 1997.

- Duffaure-Gallais Isabelle, Rubinstein Michel et Mangard Alain, *Le bâtiment demain et après demain*, CSTB, 1998.

- Dulbecco Pierre et Luro Didier, *L'essentiel sur le bois*, CTBA, 1998.

- École d'Avignon, *Techniques et pratique de la chaux*, Eyrolles, 1995.

- Fontaine René, *La maison de pays : acheter, restaurer, aménager*, Seghers, 1977.

- Kur Friedrich, *L'Habitat écologique, quels matériaux choisir ?*, Terre Vivante, 1998.

- Lazenby Jina, *La Maison feng shui*, Flammmarion, 1998.

- Le Page Rosenn et Toussaint Laurence, *Le bois, essence du jardin, matière de jardin*, éd. Du May, 1999.

- Liébard Alain, *Guide de l'architecture bioclimatique : haute qualité et développement durable*, éd. Systèmes solaires.

- Miller Judith, *Maisons en bois*, Flammarion, 1998.

- Pearson David, *Vivre au naturel, la maison écologique*, Flammarion, 1999.

- Rémi Alexandre, *Votre lit est-il à la bonne place ? Introduction à la géobiologie*, éd. Ka, 1983.

- Salomon Thierry et Bedel Stéphane, *La Maison des négawatts, le guide de l'énergie chez soi*, Terre Vivante, 1999.

- Schmitz-Günter Thomas, *Éco-Logis : la maison à vivre*, Könemann, 1999.

- Skoutarides Hélène, *Construction à ossature bois, conception et mise en œuvre*, CTBA/Eyrolles, 1995.

- Soltner Dominique, *Planter des haies*, coll. Sciences et Techniques agricoles, éd. D. Soltner, 1994.

- Stein Annick, *La Maison bois*, éd. Édisud, 1993.

- Wingert Helga, *La Maison polluée*, Terre vivante, 1996.

Index

Crédits iconographiques

Afcobois : couverture, p. 3, 16, 19, 24 haut, 26, 37 gauche, 99; Akterre : p. 33, 103; Ambiance Bois : p. 67 haut, 72 bas, 96 bas, 100 bas, 110, 112; Atelier Reeb : p. 91 haut; Biomur/Sturm : p. 30, 31 droite, 107, 108; Biot, sable de : p. 76 haut; Bisotherm : p. 43; Blancolor : p. 79; Bois Éditions/G. Doaré : p. 73; Briqueterie d'Allonne : p. 67 bas; Cailleau Yvon : p. 111; Centre français de l'Électricité/Airelec : p. 55; Centre français de l'Électricité/Applimo Cablissimo : p. 54 haut; Claytec/Akterre : p. 104 haut; Clipsol : p. 34 bas, 52, 53, 60, 61 bas, 62; Crucial Trading : p. 71; Culligan : p. 89; Daumen Jean : p. 81 bas; DLW : p. 69 bas, 70 haut; Domus : p. 31 gauche, 32 bas, 34 haut, 38, 41, 42 gauche, 44, 45, 72 haut, 84, 95; F.C./ADEME : p. 82 gauche; Focus : p. 54 bas, 56; Fouin Julien : p. 10, 51, 66, 96 haut; Isochanvre/Aujames F. : p. 35, 39; Jotul : p. 57; Karam Clément : p. 20, 27; Lapeyre : p. 37 droite; Le Jardin des Rosiers : p. 18; Leroy Pierre : p. 61 haut, 81 haut; Les Cours : p. 106; Liegisol : p. 42 droite; Oliger France : p. 58; Peinture minérale Keim : p. 74; Permo : p. 87, 88; Petry-Amiel Dominique : p. 113 haut; Pisé Terre d'Avenir : p. 101; Rauch M. : p. 104 bas; Rouillé Joël : p. 24 bas; Rÿven Tom : p. 109; Saillet Éric/Atelier de l' Entre : p. 59, 68, 69 haut, 100 haut; Sebart O./ADEME : p. 32 haut, 82 droite; Sennelier : p. 75 bas, 76 bas; SINT : p. 91; Soprema : p. 113 bas; Strasserville Biot/Silices et Réfractaires de la Méditerrannée : p. 75 haut, 78; Textinap : p. 40; Toulemonde Bochart : p. 70 bas; Weiss Christian : p. 83; Weiss/ADEME : p. 15.

Les dessins ont été réalisés par Patrick Petit, architecte.

Achevé d'imprimer en mars 2000
par PPO Graphic-93500-Pantin